Zauberbücher-

Fragenkatalog zur „Lukas-Reihe"

Praktische Bibliotherapie

Claudia J. Schulze / Anke Hartmann

Wir unterstützen die Kinderhospizarbeit in Deutschland, Österreich und der Schweiz (unterstützt von der B. Schulze Stiftung für therapeutisches Schreiben und Lesen)

Raben, das hat sich sonst keiner zu sagen getraut, sind die klügsten Zweibeiner überhaupt. Der Tintenklecks möge uns daran erinnern! Perfekt sind sie trotzdem nicht. Wir ja auch nicht. Doch das macht gar nichts. Auch daran möge uns der Tintenklecks erinnern!

Zum *Du* und zum *du*.: Ich schreibe es abwechselnd groß oder klein. Das große „Du" ist m.E. besonders höflich, doch kann man beide Formen verwenden.

©Claudia J. Schulze, Text:ClaudiaJ.Schulze,2021
Bilder: Anke Hartmann,B.Schulze Stiftung,außerEuklesophosder Zauberer.Dieserist illustriert von Anja Klukas,2021
Herstellung und Verlag: BoD – Books on Demand, Norderstedt
Lektorat:MatthiasZiebarth, Frankfurta.Main /
Phillo,Leipzig, ISBN: 9783755734536

„Um überhaupt den Widerstand lernen zu können,

muss man ein Stück gelungenen Traum irgendwo

leben und miteinander teilen können. Also, man muss

ein kleines Landgut in Atlantis haben, nicht um

dorthin zu flüchten, sondern um dort die Kraft für den

Widerstand zu nähren."

(G. Sölle)

INHALT

FRAGEBOGEN (SCHWERPUNKT DEPRESSION):

Fragebogen-Depressionen (dieser hier nachfolgende Fragebogen kann nicht die Diagnostik durch einen Arzt ersetzen.
Es dient lediglich einer ersten Einschätzung).

Es handelt sich hierbei um einen rein qualitativen Fragebogen. Daher werden keinerlei Abstufungen verwendet wie: häufig, sehr häufig, manchmal, kaum etc.). Vielmehr sollen die Fragen möglichst zu einem Gespräch führen, in dessen Verlauf dann genauere Aussagen gemacht werden können. Gewisse Abstufungen sind zwar automatisch enthalten, doch in anderem Ausmaß als dies bei einem quantitativ aufgebauten Fragebogen der Fall wäre.

FRAGEBOGEN (SCHWERPUNKT DEPRESSION):

- Fühlst du dich traurig und unglücklich?

- Bekommst du manchmal scheinbar grundlos

   Angst und / oder gerätst in Panik?

- Fällt es dir momentan leicht die Dinge zu tun

   die du schon immer getan hast?

- Fühlst du dich oft den Tränen nah?

- Fühlst du dich oft unruhig?

- Fühlst du dich energielos?

- Hast du manchmal Angst aus dem Haus zu gehen? Falls ja: Wann besonders?

- Kannst du gut schlafen?

- Isst du mehr oder weniger als sonst?

- Hast du eine gute oder eine eher schlechte Meinung von dir selbst?

- Hast du Schwierigkeiten dich auf etwas zu konzentrieren?

- Welche Farbe beschreibt deine Gefühle?

- Bist du oft grundlos müde?

- Bist du reizbarer als früher? Aggressiver?

Beschreibe in eigenen Worten:

_____
_____
_____
_____
_____
_____
_____
_____
_____
_____
_____
_____
_____
_____
_____
_____
_____
_____
_____

FRAGEBOGEN (SCHWERPUNKT ANGST)

(Dies kann keinesfalls die Diagnostik durch einen Arzt ersetzen. Es dient hier lediglich einer ersten Einschätzung). Es handelt sich hierbei um einen qualitativ aufgebauten Fragebogen. Daher werden keine Abstufungen verwendet wie: häufig, sehr häufig, manchmal, kaum etc.). Vielmehr sollen die Fragen möglichst zu einem Gespräch führen, in dessen Verlauf dann auch genauere Aussagen gemacht werden können. Gewisse Abstufungen sind zwar automatisch enthalten, doch in anderem Ausmaß als dies bei einem quantitativ aufgebauten Fragebogen der Fall wäre

FRAGEBOGEN (SCHWERPUNKT ANGST)

- Hast du oft weiche Knie?

- Hast Du Angst umzufallen?

- Hast du oft Herzrasen?

- Leidest du an Übelkeit und Bauchweh?

- Hast du Angst, etwas Schlimmes könnte dir

  oder deiner Familie passieren?

- Kontrollierst du oft Dinge nach?

- Hast du das Gefühl, dass andere dich nicht

mögen oder verstehen?

- Erschreckst du dich leicht?

- Hast du Angst das Haus zu verlassen?

- Fällt es dir insgesamt eher schwer eine Entscheidung zu treffen?

- Fühlst du dich unwohl, wenn du in der Öffentlichkeit etwas essen oder trinken musst?

- Hast du den Eindruck, dass deine Leistungen durch andere eher unterbewertet sind?

- Schwitzt du oft stark?

- Möchtest du manchmal am liebsten ganz laut schreien oder etwas zerstören?

- Hast du Probleme einzuschlafen?

- Hast du Probleme durchzuschlafen?

- Hast du manchmal das Gefühl ohnmächtig zu werden und einfach umzufallen?

- Bist du nervöser wenn du allein bist?

- Fühlst du dich von Etwas oder jemandem ständig oder gelegentlich bedroht?

- Befürchtest du zu versagen?
- Hast du Angst davor etwas Falsches zu tun?
- Hast du Angst davor etwas Falsches zu sagen?
- Hast du Angst vor bestimmten Dingen wie Aufzügen, Spinnen, Schlangen, Hunden?
- Hast du Angst vor der Klasse zu sprechen?
- Hast du Angst dich zu blamieren?

- **Beschreibe in eigenen Worten:**

FRAGEBOGEN (SCHWERPUNKT KONZENTRATION)
(Dies kann ebenfalls nicht die Diagnostik durch einen Arzt ersetzen. Es dient also lediglich einer ersten Einschätzung). Es handelt sich hierbei um einen qualitativen Fragebogen. Daher werden keine Abstufungen verwendet wie: häufig, sehr häufig, manchmal, kaum etc.). Vielmehr sollen die Fragen möglichst zu einem Gespräch führen, in dessen Verlauf dann genauere Aussagen gemacht werden können. Gewisse Abstufungen sind auch hier zwar automatisch enthalten, doch in anderem Ausmaß als dies bei einem konkret quantitativ aufgebauten Fragebogen der Fall wäre.

FRAGEBOGEN (SCHWERPUNKT KONZENTRATION)

- Bist du leicht ablenkbar?

- Kannst du dich schlecht konzentrieren?

- Machst du oft Flüchtigkeitsfehler?

- Vergisst du Gelerntes sehr schnell wieder?

- Hast du Probleme damit Aufgaben zu

organisieren?

- Fühlst du dich oft ungeduldig und zappelig?

- Driften deine Gedanken während des

  Unterrichts minutenlang komplett ab?

- Hast du Probleme damit Anweisungen korrekt,

  und wie gewünscht, auszuführen?

- Verlierst du oft wichtige Dinge?

- Bist du vergesslich?

- Fühlst du dich nicht richtig verstanden?

- Schiebst du Hausaufgaben und andere wichtige

  Dinge, die dir unangenehm sind, auf?

- Redest du im Unterricht ohne vorher dazu

  aufgefordert worden zu sein?

- Haben sich schon Leute über dich beschwert,

  weil sie dich „frech" oder „vorlaut" fanden?

- Machst du riskante Sachen, bei denen du dich auch verletzten könntest?
- Hast du dich in der Vergangenheit schon durch Unfälle verletzt? Falls ja: Wie?
- Hast du Probleme damit, einzuschlafen?
- Hälst du dich selbst für klug oder für „dumm"?
- Falls ja: Warum (beide Möglichkeiten bitte mit konkreten Beispielen erläutern)
- Fühlst du in dir einen sehr großen, fast unbändigen Bewegungsdrang?
- Lebst du lieber in deiner „eigenen" Welt?
- Gibt es Dinge bei denen es dir leichtfällt dich zu konzentrieren?
- Welche Dinge sind das?

Beschreibe in eigenen Worten:

_____
_____
_____
_____
_____
_____
_____
_____
_____
_____
_____
_____
_____
_____

I Bibliotherapie

„Bibliotherapie" bezeichnet die Therapieform, die sich aufs Lesen stützt. Der Wortteil „Biblio" bezieht sich hier nicht etwa auf die Bibel, sondern aufs griechische „biblos", „das Buch". (Wobei die Bibel wiederum eben auch: „Das Buch" heißt).
Aber an dieser Stelle soll nicht von einem einzigen Buch die Rede sein, sondern von vielen.

Schreiben und lesen mit dem erklärten Ziel der Selbsterkenntnis und Selbstheilung gibt es bereits seit langer Zeit; allerspätestens jedoch seit der Entstehung der Hochkulturen. Was ist nun das Besondere an dieser Methode? Die Arbeit mit Medien (z.B. Literatur, Kunst, Musik), welche den direkten Gefühlsbereich ansprechen, verspricht nun primäres statt sekundäres Lernen. Im Lesen von Literatur kann der Klient sich zum Bsp. mit Figuren identifizieren und sich von ihnen abgrenzen, kann am Modell lernen wie andere es gemacht haben und findet etwa in der Lyrik oder im fremden Ausdruck Worte, wo er selbst sprachlos ist (Dies gilt im positiven wie durchaus auch im negativen Sinn).

Die Poesie- und / oder die Bibliotherapie basiert dabei im Wesentlichen auf der Überzeugung der machtvollen Heilkraft der Sprache, sowohl aktiv als auch „passiv" genutzt.

Es gibt mittlerweile außerordentlich viele, häufig sehr unterschiedliche Richtungen beziehungsweise zahlreiche Auslegungen und diverse Strömungen.

Der von mir hier persönlich bevorzugte Ansatz hat seine Wurzeln vor allem in der Humanistischen Psychologie und in der Humanistischen Pädagogik.

Es gibt aber auch z.B. konstruktivistische Ansätze, tiefenpsychologisch orientierte Ansätze und viele mehr. Ich verstehe diese nicht als Konkurrenten; vielmehr verstehe ich sie als weitere zum Teil in der Tat äußerst hilfreiche Ansätze! Dieses vorliegende Buch hier soll als eine Art in sich erweiterbare, doch durchaus auch als in sich zusammenhängende, kohärente Journal-Arbeits-Notiz-Informations- und Materialsammlung dienen. An bestimmten Stellen habe ich daher Freiräume eingebaut, in denen somit auch schriftlich über bestimmte, ausgesuchte Themen reflektiert werden kann. Dies sind jedoch selbstverständlich immer jeweils nur Vorschläge. Ihnen stehen selbstverständlich sehr viel mehr Möglichkeiten offen. Ihren eigenen Ideen und Erfahrungen, Ihren jeweiligen ganz individuellen

Verknüpfungen, Ihren eigenen, ganz persönlichen Assoziationen und d. Interpretationsmöglichkeiten sind hier absolut keinerlei Grenzen gesetzt.

Die einzelnen Kapitel haben dabei jeweils ganz bestimmte, spezifische Schwerpunkte, wobei sich die Geschichten nicht auf diese reduzieren lassen, und zugleich sicherlich auch nicht alle Aspekte zugleich erfassen können. Es sind lediglich Anregungen, wobei die Geschichten sich aufeinander beziehen, und es hierzu, bei Interesse, noch weitere Literatur gibt.

Hierbei handelt es sich um die weiter hinten auch aufgeführten Bücher, verfasst von mir mit vielen Illustrationen der beliebten Leipziger Künstlerin Anke Hartmann und dem international wirkenden, renommierten Schattenbild-Künstler, Künstler und Pädagogen Wilhelm Schneider.

Das Buch von Anke Hartmann („Die letzte Reise") bietet eine weitere Ergänzung zum Thema: „Tod", die ich an dieser Stelle empfehlen möchte.

In all meinen eigenen Büchern: „Nachtflüge-Geschichten zwischen den Welten", „Rabenfedern bringen Glück", sowie „Nebelträume", „Korax und das Geheimnis der Kürbisse" und der Sonderedition: „Lukas und die Geschichte der Schatten", wird das

Thema Tod, Verlust und Angst immer wieder angesprochen.
Es werden dabei gleichzeitig jeweils bestimmte Ressourcen, gerade die Verarbeitung betreffend, aufgezeigt, die aber dabei, das ist selbstverständlich, auch für die Klienten immer nur ein Angebot sein können.

Es sollen die Klienten hierbei dennoch angeregt werden, sich mit ihren eigenen, ganz individuellen aktuellen Möglichkeiten auseinanderzusetzen, die dazu dienen sollen, ganz persönliche Ressourcen zu entwickeln und auszubauen, um den genannten Themen nicht gänzlich hilflos und unvorbereitet gegenüberzustehen.
Auch das natürlich ein frommer Wunsch, denn wie oft bricht das Schicksal gerade in diesen Momenten mit einer Erschütterung über den Menschen herein die alles in Frage stellen kann, alles negieren kann.
Die Wucht, mit der ein Todesfall über eine Familie kommen kann stellt vieles in den Schatten was wir uns nur vorstellen können. Die Umwelt, häufig überfordert, zieht sich zurück, so dass die traumatisierten Personen häufig genug gänzlich auf sich selbst zurückgeworfen sind. Freunde, oft sogar Familienangehörige wenden sich ab.

#Es sprengt die Grenzen unserer Vorstellungskraft und wirft uns auf die nackte Existenz zurück, auf Verzweiflung, Leid und unendlichen Kummer.

Ich habe dies in meinen Büchern bereits dargestellt.

Der Tod bricht auf verschiedensten Wegen in das Leben der Protagonisten ein.
Auch durch „kleine" Tode, oder auch durch den Tod eines Haustieres. Was man den jeweils betroffenen Klienten jeweils zumuten kann, muss individuell ermessen werden. Hier findet sich eine große Sammlung unterschiedlichster Abstufungen:
Hin von den alltäglichen Verlusten bis hin zu tragischen Einschnitten, dem Verlust eines Kindes, eines Elternteils, eines Geschwisterkindes. Die Geschichten sind entweder aus einer Retrospektive gehalten, um so eine zeitliche Distanzierung zu ermöglichen, dann wieder sind sie ganz neu, verstörend in der Art wie sie das bisherige Leben aus den Angeln heben.
Diese zusätzlich von mir genannten Bücher sind nicht, so wie das hier vorliegende kleine Buch, mit Impulsfragen versehen.

Jedoch können Sie diese Impulse selbstverständlich für sich selbst und für Ihre Klienten entwickeln.

Selbstverständlich ist es wichtig (s.o.) bereits im Vorfeld durchdacht zu entscheiden welche der Geschichten den einzelnen Kindern jeweils „zugemutet" werden können. Dies hängt auch vom Stand der Therapie ab, vom Kind selbst etc. Einem ohnehin aktuell ganz besonders traumatisierten oder ängstlichen Kind, das unter sehr starken Verlustängsten leidet sollte eher eine gewissermaßen „unbefangenere" Geschichte präsentiert werden, in der beispielsweise lediglich Tiere o.ä. als Symbolfiguren vorkommen (Kais Hase) und in der nicht der konkrete Verlust sehr realer Menschen (Schwester, Vater, Freund) im Mittelpunkt steht.

Gerade die Kinder die einen solchen realen Verlust bereits erlebt haben gehen häufig anders mit solchen Geschichten um als Kinder, bei denen sich der Verlust überwiegend in der Phantasie abspielt, wobei das zweitgenannte Phänomen durchaus ebenfalls äußerst quälend für die betroffenen Kinder ist / sein kann, so dass es niemals unterzubewerten ist.

Hier kommt es auf die professionelle Erfahrung, auf die Sensibilität und auf das Fingerspitzengefühl des Therapeuten / der jeweiligen Therapeutin an.

Die sehr gründliche Auseinandersetzung mit den hier nachfolgenden Geschichten durch Fragen kann, auch für Therapeutinnen und Therapeuten, ein solches Gefühl stärken.

Dies soll zugleich auch das Ziel dieser Sammlung sein – sei es für den Leiter / bzw. die Leiterin oder eben das betroffene Kind, die betroffene Familie.

Im Gegensatz zu meinen Büchern zur Bibliotherapie für Erwachsene habe ich hier bewusst weniger strukturiert.

Zum einen ist dies natürlich der einfachen Tatsache geschuldet, dass Kinder noch (weitaus mehr als Erwachsene) im Werden begriffen sind, so dass mir Klassifikationen daher hier noch weitaus weniger angebracht zu sein erscheinen als dies beispielsweise im konkreten Zusammenhang mit der bibliotherapeutischen Arbeit, welche sich eher im Kontext der Therapie Erwachsener befindet, eher der Fall ist. Bei all meinen Arbeitsbüchern zum Thema Bibliotherapie mit Erwachsenen erschien bisher der, (die) Schwerpunkt(e) Angst / Depression / Suizid und Sucht. Im Anhang habe ich auf drei von mir verfasste Bücher verwiesen, welche – bei Bedarf – zusätzlich zu therapeutischen Zwecken additiv herangezogen werden können.

Sie haben sich bisher in der Praxis ausnahmslos sehr gut bewährt.

Andere Bücher, z.B. mit Textsammlungen bekannter Schriftsteller, sind selbstverständlich ebenfalls möglich. Wesentliche Inhalte decken sich mit dem vorliegenden Band, jedoch sind es dort durchgängige, abgeschlossene, gedanklich und inhaltlich aufeinander aufbauende Geschichten – jeweils in vier, zeitlich und auch inhaltlich aufeinander aufbauenden Bänden, welche durch zusätzliches Material noch angereichert sind.

Als behandelnder Therapeut / Therapeutin haben Sie natürlich immer/ jederzeit die Möglichkeit, alle Geschichten zu modifizieren, für das jeweilige Kind oder für den jeweiligen Erwachsenen „anzupassen" (z.B. was Aussehen, Alter, die jeweilige Familiensituation und Geschlecht betrifft).

Hier können sowohl Distanz als auch Nähe vermittelt werden, je nachdem, was die jeweilige Situation erfordert. Hauptziel soll es sein, dem betroffenen Kind, dem betroffenen Erwachsenen den größtmöglichen Raum zu bieten, von dem aus es genug Vertrauen aufbringen kann, um sich mit dem Gefühl von Sicherheit anzuvertrauen. Daher erfordert dies, wie jede therapeutische Situation, ein ganz besonderes Fingerspitzengefühl und eine ausgeprägte Achtung im Umgang mit dem Klienten. Die Wirkungsweise bibliotherapeutischer Arbeit ist in ihrer effektiven Wirksamkeit schon seit langem durch zahlreiche Studien eindrucksvoll belegt, deren Lektüre ich ausdrücklich empfehle. In der vorliegenden Buchreihe soll es jedoch gleich um die mögliche und konkrete Anwendung anhand hier eigens entwickelter therapeutischer Geschichten gehen.* So geht es in ihr wesentlich um diverse Anpassungsstörungen nach einem Todesfall, einem Krankheitsfall etc. in der Familie, um den Aufbau hilfreicher kognitiver Konstrukte, um den Aufbau von Vertrauen und um die zunehmende Entwicklung von Akzeptanz und Einsichten in Gesetzmäßigkeiten des Lebens.

(Das Stichwort ist hier die Selbsttranszendenz). Die in den zusätzlichen Büchern erzählten Geschichten können dabei unabhängig von den anderen „Lukas-Büchern" gelesen werden (siehe hinten), wobei diese Bücher selbstverständlich eine gute und sinnvolle Ergänzung bieten können.

Die nachfolgenden Geschichten werden abgerundet durch spezifische Impulsfragen, so dass meines Erachtens hierdurch ein nachhaltig wirksamer, fruchtbarer kommunikativer Austausch stattfinden kann. Zudem empfiehlt es sich, meiner Erfahrung nach, gezielt mit erprobten und bewährten Entspannungsverfahren zu arbeiten, insbesondere wenn sehr belastende Themen auftauchen. Ein Beispiel ist die seelische Erkrankung von Kais Mutter.

Hier drohte ein Todesfall, der jedoch gerade noch abgewandt werden konnte.

Dennoch sind beim Protagonisten tiefe Ängste und Verwundungen zu erkennen, da es sich um eine geplante Selbsttötung seiner Mutter handelte. Es sollte daher äußerst vorsichtig, ressourcen- und entspannungsorientiert vorgegangen werden. In den Texten selbst finden sich hierauf bereits einige Hinweise; selbstverständlich ist dies ausbaubar.

Maßnahmen, welche therapeutisch zum Beispiel bei der spezifischen therapeutischen Behandlung Posttraumatischer Belastungsstörungen eingesetzt werden, können hier ebenfalls gut kombiniert werden. Darauf werde ich weiter hinten noch mehrfach zurückkommen. Dies, wie auch der konkrete Einsatz und das Ausmaß des Einsatzes, ist der Vorbildung und der Erfahrung des Behandlers / der Behandlerin überlassen. Besonders empfehle ich hierzu das „Handbuch Entspannungsverfahren von Vaitl / Petermann)", Beltz Verlag, Psychologie Verlags Union.

Die hier aufgeführten Geschichten sind Auszüge und Weiterführungen aus den hinten angegebenen Büchern. In allen werden Inhalte aus dem ICD-10 in literarischer Form behandelt. Als Einstieg könnte sich das Buch „Ruby Blue" eignen. Dieses ist eine in einigen Bereichen „entschärfte" Version des Buches „Nachtflüge". Es dreht sich, ebenso wie in Band 2 mit dem Titel „Rabenfedern bringen Glück", um den vorsichtigen Umgang mit aufbrechenden Emotionen, um den Aufbau von Selbstwirksamkeit und um die positive Nutzung eigener Ressourcen, wie zum Beispiel um den Aufbau tragender sozialer Beziehungen.

Zunächst jedoch zu den technischen Grundlagen der Bibliotherapie. Es geht um den Verlust, aber auch um das Wiederfinden von etwas Anderen. Es sind zum einen Fragen für Kinder als auch, zum anderen, Fragen für Erwachsene vertreten.

Zum Teil gibt es auch Überschneidungen, die „Kinder-Fragen" können dabei durchaus von Erwachsenen beantwortet werden. Da viele Konflikte im Erwachsenenalter zum Teil auch auf Konflikten in der Vergangenheit basieren, kann dies sehr von Nutzen sein. Vieles ist in Symbolen angesprochen, einiges auch konkret. Alles in allem kann dieses Arbeitsbuch sicherlich nur einen von vielen möglichen Beiträgen leisten. Doch wenn es auch nur im Ansatz hilfreich sei kann, so wäre das für mich von außerordentlich großer Bedeutung. Hinsichtlich meiner Möglichkeiten vermag ich mich dem Optimismus von Franz Kafka nicht uneingeschränkt anzuschließen. Ein Wegweiser bleibt er dennoch.

Bitte alle Kapitel zunächst selbst lesen um zu beurteilen, was Ihrer Ansicht nach dem jeweiligen Kind im Einzelfall zuzumuten ist. Es werden auch sehr belastende Themen angesprochen, so wie psychische Erkrankungen von Elternteilen, Geschwistern oder Freunden, schwere körperliche Erkrankungen und der enorm schwierige Verlust von Familienangehörigen.

Wie ich ja bereits erwähnt habe, kommt es auf den Einzelfall an. In manchen Fällen kann es einem Kind, das z.B. ähnliche Lebenserfahrungen gemacht hat, die Türe öffnen und es ermutigen sich selbst zu öffnen und über diese Dinge zu sprechen.

Bei anderen Kindern wiederum kann es Ängste verstärken, insbesondere dann, wenn es sich um psychisch labile / traumatisierte / vorbelastete / vorerkrankte Kinder handelt. Zwar werden Kinder heute über die Medien bereits an alle diese Themen herangeführt.

In Kinderbüchern wie „Harry Potter" oder auch beispielsweise in antiken Geschichten oder recht unterschiedlichen Märchen werden z.B. zahlreiche existentielle Themen zum Teil sehr drastisch dargestellt, von den Bildmedien ganz zu schweigen. Dies soll jedoch keine einseitige Kritik an diesen Büchern und Medien sein. Vielmehr ist m.E. der Umgang mit ihnen entscheidend.

Hier kommt es, wie bereits erwähnt, auf die Erfahrung und auf das Fingerspitzengefühl des Therapeuten / der Therapeutin an. Die gründliche Auseinandersetzung mit den nachfolgenden Geschichten kann, auch für Therapeutinnen und Therapeuten, ein solches Gefühl stärken. Dies soll zugleich auch das Ziel dieser Sammlung sein – sei es für den Leiter / die Leiterin oder eben das betroffene Kind, die betroffene Familie (s.o.).

Der Umgang und die Unterstützung durch Erwachsene bei der jeweiligen Verarbeitung des Gelesenen oder des Gesehenen begleitet werden kann. So liegt es daher heute zunehmend und zusätzlich in der Hand von Erwachsenen Kinder mit diesen Themen nicht allein zu lassen, sondern ihnen im Gespräch oder in sonstiger Form ein Angebot zu machen, eine Hilfestellung zur Verarbeitung zu geben.

In besonderem Maß gilt dies gerade auch für den therapeutischen Kontext.

Das thematisch an unterschiedlichen Stellen immer wieder auftauchende Bild des Waldes dient hier als Ressource für den / die Protagonisten. Alternativ wird die See genannt. Natürlich ist auch das nur eine Anregung. Wie jeder Mensch sich aber vom anderen grundsätzlich unterscheidet so wird auch das, was er als Ressource erlebt zutiefst individuell sein. Das Gleiche gilt für den Sinn, den jeder für sich selbst entwickeln muss. Darauf möchte ich mich auf / mit dem Psychotherapeuten und Begründer der Logotherapie, Viktor E. Frankl beziehen. Seine Aussage, wonach jeder Sinn *ad situationem et ad personam* sei, zeigt meines Erachtens sehr deutlich, dass wir niemandem unsere Überzeugung, unseren Sinn „überstülpen" dürfen (siehe oben). Daher sind all die hier genannten Sinn-Entwürfe ebenfalls als Vorlagen, als potentielle Möglichkeiten gesehen. Diese sollen vor allem dazu dienen, die potentiell gangbaren Spiel-räume und die daran geknüpften jeweiligen persönlichen Handlungsmöglichkeiten, die subjek-tiven Interpretationsansätze und ganz konkreten Sinnentwürfe des Einzelnen, der Einzelnen deutlich zu vergrößern, zu erweitern, im Austausch zu ermöglichen. Im Anschluss sind Möglichkeiten für kurze Notizen gegeben, auf die man immer wieder zurückgreifen kann. Die Fragen zu den einzelnen Kapiteln sind hinten aufgelistet. Wichtig ist es m.E., dass ein geschützter Raum geschaffen wird.

Ein Raum des Verständnisses und ein Raum, in dem auch massiv aufbrechende Emotionen „ertragen" und getragen werden können.

Diese Emotionen können natürlich befremdlich wirken, mehr noch: beängstigend, überfordernd.

Auch das gehört zu unserem Mensch-Sein dazu und macht es vielleicht am Ende erst zu dem, was es ist: Ein Menschen-Leben. Mia thematisiert dies nach dem Tod ihres Großvaters Gustav. Sie beklagt, dass sich Menschen bei Trauerfällen zurückzögen so als hätten sie Angst sich anzustecken. In symbolischer Form erscheint hier der Rabe Kieran, der sich besonders in dieser für Mia so schwierigen Zeit ganz exklusiv um sie kümmert.

Dennoch werden auch die Tiere nicht idealisiert. Kieran hat eine Vorgeschichte- Lukas betreffend, und auch Mias Katze „Fuchs" verhielt sich nicht so wie Mia sich das gewünscht hätte. Toleranz wird auf allen Seiten gefordert.

Generelle Anmerkungen zu bibliotherapeutischen Methoden:

Dies ist nur ein kleiner Auszug, eine Möglichkeit der Bibliotherapie. Geschichten können modifiziert, angepasst, umgeschrieben werden. Ich berufe mich dabei beispielsweise auf das Buch: Die Kuh auf dem Kilimandscharo, Fennek, Faruk etc. In einer der Geschichten befindet sich der ist der Junge Aljoscha in einer furchtbaren Lage. Diese Lage, in der der Tod des Vaters eintritt, könnte vom Therapeuten / von der Therapeutin abgeschwächt werden. Im Anschluss habe ich ein Beispiel hierzu geschrieben.

Aljoscha sah, wie sein Vater mit der Waffe auf den Hund zulief, ein Schuss löste sich und traf den Vater in den Fuß. Der Vater fluchte (hier in Stichworten). Hier ist der Vater aber noch am Leben. Aljoscha flieht trotzdem mit Wächter. ODER: Vater setzt sich plötzlich hin und weint (Verschiebung). ODER: Vater wird krank, er bekommt z.B. Fieber, Aljoscha bleibt zuhause bei der Familie. Erst als ein Onkel mit seiner Frau zur Entlastung der Familie anreist, verlässt Aljoscha mit Wächter das Anwesen und ist frei.

Dies ist ein exemplarisches Beispiel. Sämtliche Geschichten (meine Bücher zur „Lukas-Reihe" miteingeschlossen) sind mit einem *Lebens- Mosaik* zu vergleichen.

Dabei ist es (in meinen Augen gerade bei Kindern) wichtig, dass *sowohl das Vertraute* immer auch in *Wiederholungen* auftaucht, als auch, dass immer wieder *neue Details* in Erscheinung treten.

Ähnlich wie in einem Prozess des langsamen Kennenlernens einer Person, in der man immer wieder Neues über diese kennen lernt.

Zugleich enthält diese vierteilige Buchreihe *einige philosophische Rätsel*, die hierbei explizit zum Selberdenken anregen sollen.
Bisherige „Pfade" des Denkens, des Interpretierens sollen verlassen werden.
Mit einer so gearteten, radikalen Erweiterung des „Denkrahmens" verspreche ich mir eine grundsätzliche Erweiterung der Fähigkeit Konflikte ganz unterschiedlichster Art zu lösen. Einige dieser Geschichten widersprechen unseren Vorstellungen von Logik und Kausalität.
Doch gerade diese Vermischung von Realität (wie wir sie kennen) und Traumsequenzen soll das gesamte kreative Lösungspotential eines Menschen entfalten.

Bei Störungen aus dem schizophrenen Formenkreis ist dringend von einer bibliotherapeutischen Arbeit mit diesen Büchern abzusehen.

Es eignet sich zwar, in psychoedukativer Form dazu dieses Krankheitsbild zu thematisieren: Jedoch sollte die Arbeit mit dieser Reihe sich dann auch darauf beschränken.

Bücher mit Auskoppelungen wie beispielsweise „Ruby Blue", „Morgensterne" und „Die Reise nach Holland", „Lukas und die Geschichte der Schatten" enthalten einzelne Erweiterungen und spezifische Vertiefungen dieser Geschichten.

In jedem einzelnen dieser Bücher wird klar, dass die Protagonisten schwere Lasten zu tragen haben.

Im Gegenzug erscheinen Boten des „Leichten" in Form von Eulen und Raben.

Zugleich jedoch treten andere Tiere in Erscheinung. Tiere, die auf dem Boden leben, mit dem Wald und dem Leben darin tief verwurzelt. Das Bild der Lüfte taucht also ebenso auf wie das Bild der Wurzeln.

Beide Seinsweisen sollen hier, auf ihre jeweilige Art, Orientierung geben,

Bei der Sonderedition: „Lukas, und die Geschichte der Schatten" beziehe ich mich, neben der Aussage von Platon, ausdrücklich auf Viktor Emil Frankl und sein Zitat:

„Wer um ein Wozu weiß, der erträgt jedes Wie!"

Die Frage nach dem *„Warum"* wird nicht gestellt. Zwar beantworten manche Personen (wie zum, Beispiel, Agathe) diese Frage jeweils auf ihre persönliche Art, doch kann es nur dabei bleiben sich die einzelnen Sinnentwürfe anzusehen. Ob und wie sie der Einzelne dann auch für sich findet, das ist eine andere Frage. Sie kann, m.E. nicht allgemeingültig beantwortet werden. Dies gilt ebenso für die Frage nach dem „Wozu?". Diese ist grundsätzlich zwar auf die Zukunft gerichtet und schaut nicht in dieser Form zurück wie es die Frage nach dem „Warum?" notwendigerweise tut.

Trotzdem jedoch ist auch die Frage nach dem „Wozu?" immer eine individuelle. Sie hängt von der Person und ihren jeweiligen Lebensumständen ab. Niemand darf einem anderen Menschen sein *„Warum?"* oder sein *„Wozu"* aufdrängen. Man kann Angebote machen, Modelle präsentieren.

Doch die letztliche Entscheidung, ob oder wie dies angenommen wird, verbleibt hierbei bei dem oder der Einzelnen.

Die Arbeit mit Variationen (Vergleiche dazu auch die Sondereditionen wie die bereits weiter oben genannten: „Ruby Blue", „Lukas und die Geschichte der Schatten", „Die Reise nach Holland", „Brunos Reise", „Morgensterne", „Impulsgeschichten") sind ebenfalls Teil der Arbeit in dieser Buch-Reihe.

Dies fördert m.E. das Divergente Denken, die Kreativität und die Konzentration. Von bestimmten Geschichten tauchen immer wieder vereinzelt logische Rätsel oder auch Variationen bestehender Geschichten auf.
Diese sind aber nicht so schwerwiegend, als dass sie den Sinn des an anderer Stelle Geschriebenen in Frage stellen könnten.

Vielmehr sind es überwiegend spielerische Ab-Wandlungen, Variationen, welche die Sicherheit des Vertrauten nicht in Frage stellen.

Das „Spiel mit der Realität" soll neue Möglichkeiten eröffnen, zeigen, wie das Verändern von Details eine positive oder spannende Rückwirkung auf die einzelne Geschichte – und in transferierter Form- auf das eigene Leben haben kann. Ebenso zeigt es, dass man „niemals in den gleichen Fluss" steigt, dass die genaue Wiederholung nicht möglich ist.

Gerade in dem Buch, in dem es um das Verarbeiten von Trauer geht, ist dieser Punkt m.E. ein ganz wesentlicher Aspekt.

Er lässt sich auch auf den Bereich der Kunsttherapie transferieren, auf „Bilder" in jeder möglichen Form.

Verständliche, tiefe Wünsche wie z.B. der, „den Verstorbenen doch noch einmal zu sehen", werden ersetzt durch konkrete, selbstbestimmte Taten.

Anstatt also bestimmten, verständlichen, doch letztlich völlig unrealisierbaren Wünschen hilflos ausgeliefert zu sein, kreieren die Protagonisten persönlich gangbare Wege, um sich ihre Wünsche zu erfüllen.

Kai „dehnt" die Zeit, wenn er an Maxime denkt. Er bestimmt für sich, dass es ebenso sehr zählt von ihr zu träumen wie sie zu sehen.

Somit „stillt" er seine Sehnsucht soweit, dass sie keine unerträgliche Sehnsucht, keine unerträgliche Trauer mehr werden kann.

Mia läuft auf der Suche nach „Fuchs" durch den Wald. Sie tut etwas und sitzt nicht nur passiv zuhause. Es geht nicht um ein sinnloses Getrieben-Sein. Vielmehr macht sich Mia auf und arbeitet mit aller Kraft daran ihren Wunsch, Fuchs wieder zu finden, wahrmachen zu können.

Zwar sind ihre aktiven Versuche Fuchs zu finden nicht von Erfolg gekrönt, dennoch hat sie einen aktiven Part inne.

Auch ihre späteren Freundschaften zu Maxime und Matruschka wirken dem Verlust entgegen, den sie durch Fuchs erlitten hat.

Um wiederum der Trauer ihrer Freunde Kai und Lukas etwas entgegenzusetzen, erfindet Mia kleine Geschichten und beginnt zu erzählen. Dennoch stellt sie sich der Trauer- nur eben auf die „Mia"-Art.

Hier wird klar, dass es in den Büchern auch um andere Herausforderungen geht.

Die Trauer auf der einen, Tücken des Alltags auf der anderen Seite, dazwischen die Wege der Protagonisten sich damit auseinanderzusetzen.

Mia selbst leidet zum Beispiel zwar massiv unter einer Lese-Rechtschreib-Schwäche, doch macht sie aus dieser Not eine doppelte Tugend: Zum einen erfindet sie ihre eigenen Geschichten, zum anderen setzt sie diese ein, um ihre Freunde ein wenig aufzuheitern, abzulenken oder in anderer Form zum Nachdenken zu bringen. Doch nicht nur das.

Sie schenkt ihnen das Wertvollste, was ein Mensch einem anderen Menschen schenken kann: Zeit. Sie nimmt sich die Zeit für ihre Freunde, denkt sich Geschichten für sie aus, nimmt sich die Zeit ihnen diese zu erzählen. Allein schon dadurch bestärkt sie die Menschen, die ihren Weg kreuzen, darin wichtig und einzigartig zu sein.

Schulprobleme sind ein Teil dieses Buches. Lukas wird zunächst von Kai gemobbt; Regina wird sozial ausgegrenzt, nachdem sie etwas getan hat, für das sie von sämtlichen Kindern abgelehnt wird.

Reginas Versuche wieder Fuß zu fassen scheitern zunächst. Erst Mia eröffnet ihr die Chance wieder in die Gemeinschaft aufgenommen zu werden.

Lukas hat größeres Glück. Kai beendet das Mobbing nach einem Treffen mit Lukas, in dessen Verlauf Lukas Kai hilft. Mobbing soll nicht verharmlost werden. In den Büchern der Lukas-Reihe wird dieses Thema angesprochen, jedoch nur gestreift. Es kann als Ausgangspunkt für persönliche Vertiefungen innerhalb der Therapie gesehen werden. Einiges musste angedeutet bleiben, anderes blieb bewusst angedeutet, um nicht zu festlegend zu agieren. Es werden Erklärungsansätze geliefert bei denen aber nicht verblieben werden muss. Manches soll lediglich einen Impuls bieten, von dem aus Therapeuten und Therapeutinnen individuell ausgehen können. Themen wie: Scheidung, Eifersucht, Schulprobleme, Zwangserkrankungen, Ess-Störungen, sozialer Ausschluss, Mobbing, Bullying, Angstzustände, depressive Verstimmungen, Trauer, PTBS, Soziale Scham kommen in diesen Büchern u.a. vor.

Auskoppelungen (siehe die hierzu bereits erwähnten Bücher) sind daher wichtig. Zum einen sorgen sie dafür, dass die 4-er Bücherreihe nicht „überfrachtet" wird.

Man erfährt andererseits beispielsweise aber auch wie es mit Regina weitergeht. Die Art und Weise, wie man es erfährt, ist hierbei m.E. ausschlaggebend und wurde aus diesem Grund genauso von mir entwickelt.

Ich möchte es anbei gerne am Beispiel von Regina erläutern.

Regina, von sozialem Ausschluss betroffen, wird in einem der Bücher von Mia wieder integriert („Impulsgeschichten"). Zugleich, in einem anderen Buch (Verwaiste Kinder, Verwaiste Eltern), erfährt man nähere Hintergründe, Reginas Familienleben betreffend. Man lernt den Menschen, wie auch im wahren Leben, *über Umwege* kennen. Zum einen über das, was er selbst durch sich preisgibt, zum anderen über Dritte, und dann, im Wandel der Zeit, wieder über die Person selbst und andere.

Eigene Erfahrungen mit dieser Person kommen hinzu. Da man nicht alles auf einmal erfährt, bleibt Raum für Eigenes: Vorstellungen über die Person, welche sich bewahrheiten können oder nicht.

Liest man nicht alle Bücher, alle Auskoppelungen, so hat man evtl. nicht sämtliche Informationen.

(Über Regina erfährt man beispielsweise auch Neues in „Morgensterne" und „Die Reise nach Holland"). Liest man nun diese Bücher nicht, so fehlen einem die Informationen, wobei *„fehlen"* in diesem Kontext nicht ganz das beschreibt, worauf ich hinausmöchte. Denn auch dieses Fehlen nähert sich dem "wahren Leben". Vieles bleibt, auch da, bruchstückhaft, unvollkommen, und die Lücken werden von uns gefüllt. Wenn wir sie füllen jedoch, das hoffe ich, sollten wir uns der Tatsache eingedenk bleiben, dass es immer nur Fragmente sein können.

Dass es leichter ist jemanden wie Regina oder Kai zu verurteilen, wenn wir nicht alles von ihnen wissen, und zugleich sich der Tatsache bewusst bleiben, dass alles im Fluss ist oder aber ein Mosaik, von dem wir nur das Glück haben bestimmte Steinchen zu kennen.

<u>Füllen wir den Rest nicht mit blinden Steinchen aus! Vielmehr lasst uns lieber sehen, dass nicht die</u>

Steinchen blind sind- sondern zuweilen wir selbst.

Nun zur Form der Bücher:

Teile der Sprache innerhalb der Lukas-Reihe verwenden eine komplexe Sprache, einen ganz ausdrücklich elaborierten Sprachcode. Dies soll der Sprachförderung dienen, und damit auch der Fähigkeit durchaus komplizierte, vielleicht sogar sich widersprechende Sachverhalte möglichst differenziert ausdrücken zu können. Somit soll das Gegenteil von dem erreicht werden, was Kinderärzte und Kinderärztinnen tagtäglich in ihren Praxen erleben, sobald sie Kinder behandeln, die über ein bestimmtes Entwicklungsstadium noch nicht hinausgekommen sind.

Auf die Frage was ihnen fehle, antworten diese in der Regel immer sinngemäß in einer Richtung, die (unspezifisch) „Bauchschmerzen" nahelegen.

Selbstverständlich ist von einem jungen Kind noch nicht mehr zu erwarten.

Doch ist es von Vorteil, wenn mit steigendem Alter die Komplexität der individuellen Sprach- und Ausdrucksfähigkeit zunimmt. Etwas, was heute nicht mehr unbedingt gegeben ist.

Zahlreiche Kinder verfügen über einen Sprachschatz, der, auch im Jugendalter, *nicht über einen*

vereinfachten Grundschulwortschatz hinausgeht.
Dem soll in der Lukas-Reihe aktiv entgegengewirkt
werden, wobei ich auf einen steten Wechsel von
komplizierten mit einfacheren Sätzen Wert gelegt
habe. Die Förderung von Kognition und Emotion
verläuft m.E. am besten „Hand in Hand", so dass
eine einseitige Betonung der kurzen, „emotionalen"
Sätze ebenso unsinnig wäre wie die Überbetonung
„intellektuell" strukturierter Satzgebilde.

Ich habe mich für einen mehrfach praxiserprobten
Wechsel zwischen diesen beiden Möglichkeiten
entschieden.
Sprachförderung, Förderung von Konzentration
und Ausdrucksfähigkeit, das Eingehen auf emotio-
nale Impulse, das Ermöglichen von Modell-Lernen
und der Verzicht von moralischen Vorgaben sollen
dabei helfen beim Kind die Selbstwirksamkeit,
ebenso wie das Proaktive Coping zu fördern.
Es soll das Entdecken eines persönlichen Sinnes ermöglichen, ohne einen solchen durch „moralisch"
irgendwie gerechtfertigte Vorgaben aufoktroyieren
zu wollen. Dem Kind soll immer die Möglichkeit
gelassen werden sich für – oder gegen etwas zu
entscheiden. Die Vielzahl der möglichen Identi-
fikationsfiguren soll ihren Teil dazu beitragen.

Es gibt nicht nur „eine" Art zu trauern, nicht nur „eine" Möglichkeit und vor allem keine „gute" oder „schlechte" Möglichkeit. Das hilflose, monatelange und verzweifelte Weinen von Lukas´ Mutter steht sozusagen „gleichberechtigt" neben dem Sohn und Lukas´ zahlreichen, ideenreichen Versuchen der Welt auf seine Art wieder habhaft zu werden.

Ebenso muss Lukas akzeptieren, dass sich seine Mutter nach einiger Zeit einen neuen Partner sucht. Jeder lebt und erlebt seine Trauer anders, und die individuelle Zeit – mit Rückschlägen verbunden – muss immer am Einzelnen gemessen werden, nicht aber einer von außen gesetzten, starren, strikten „Vorgabe" folgen. Welche Ziele verwirklicht werden, ob oder wann, bleibt am Ende die Sache des Einzelnen. Natürlich im Sinn einer pädagogischen oder aber auch therapeutischen Intervention gibt es ganz bestimmte, spezifisch formulierte Ziele. Das wurde ja bereits mehrfach erwähnt. Dennoch soll dies nicht mit einem „moralischen Zeigefinger" geschehen.
Eben dieses zu vermeiden war mir beim Verfassen der gesamten Lukas-Reihe ein besonderes Anliegen. Für keine der Figuren in dieser Reihe ist Kindheit so etwas wie ein „Kinderspiel".

Dennoch macht jeder / jede auf seine / ihre Art die Kindheit zu etwas Besonderem.

Zu etwas dem durchaus gerade die magischen Momente jener Zeit – zumindest gelegentlich – innewohnen.

Die Bände enthalten eine Vielzahl von (erzählten) Ressourcen – in unterschiedlichster Form.

Wann, welche und in welchem Rahmen sie jeweils aufgegriffen und übernommen werden, hängt (naturgemäß) immer von dem / der Einzelnen ab. Auch der sog. „Sleeper-Effekt" ist hierbei zu berücksichtigen.

Ich möchte hier mit Franz Kafka schließen:

„Wenn Du vor mir stehst und mich ansiehst, was weißt Du von den Schmerzen, die in mir sind und was weiß ich von den Deinen.

Und wenn ich mich vor Dir niederwerfen würde und weinen und erzählen, was wüsstest Du von mir mehr als von der Hölle, wenn Dir jemand erzählt, sie ist heiß und fürchterlich.

Schon darum sollten wir Menschen voreinander so ehrfürchtig, so nachdenklich, so liebend stehn wie vor dem Eingang zur Hölle."

Franz Kafka (Werk: Brief an Oskar Pollak)

Die Lukas-Reihe

BIBLIOTHERAPEUTISCH GESTÜTZTE FRAGEN:

Nachtflüge

Geschichten zwischen den Welten

Claudia J. Schulze
Anke Hartmann

Band 1

NACHTFLÜGE

Kapitel 1: Lukas und die Rabenfeder
(Lukas hat Angst vor Menschen).

Vor was hast Du Angst?
Was gibt Dir Kraft? (Vergleiche dazu Lukas).
Was findest Du ganz besonders schön, oder was macht Dir besonders viel Spaß?
Wo fühlst Du Dich am sichersten? Worin bist Du richtig gut? Was macht dich unsicher?
Beschreibe Lukas´ Gefühle im Zusammenhang mit Erwachsenen. Beschreibe Lukas´ Gefühle / Reaktionen, wenn Kai ihn ärgert?
Wehrt sich Lukas deiner Meinung nach ausreichend? Wie würdest du dich an seiner Stelle verhalten? Könntest du dir vorstellen Stachels Taktik auch anzuwenden?
Hast du bei manchen Menschen auch ab und zu ein ungutes Gefühl? Falls ja: Wie verhältst du dich dann?
Warum kommt Lukas das Leben manchmal gefährlich und leer vor? Warum möchte Lukas nicht, dass jemand seine Trauer sieht?
Was denkst du über den Tod?
Wie würde ein Leben nach dem Tod für dich aussehen?
Kannst du es möglichst genau beschreiben?
Was bedeutet das für Dich?

Kapitel 2: Kieran, der Rabe
(Lukas lernt Kieran, den Raben, kennen und
bewundert dessen Fähigkeiten zu fliegen).
Wärst du manchmal gern etwas anderes als ein
Mensch?
Wer oder was wärst du gerne, wenn du wählen
könntest?
Warum?
Was meinst Du: Wie wäre es zu fliegen?
Könntest du dir vorstellen mit einem Raben oder
einem anderen Tier befreundet zu sein?
Welches Tier wäre dir am liebsten?
Wie sähe eure Freundschaft aus?
Wie ging es Lukas ohne Kieran?
Versuche es so genau wie möglich zu beschreiben.
Kapitel 3: Lukas und Ruby
(Lukas findet einen sterbenden Vogel im Gras).
Wie äußert sich Traurigkeit bei dir? Kannst du es
beschreiben?
Welche Arten von Traurigkeit kennst du?
(Bei dir und auch bei anderen Menschen)
Kannst du nachvollziehen warum es Lukas lieber
gewesen wäre, wenn seine Mutter ab und zu geweint
hätte?
Was hältst du vom Argument des Raben Korax, als er
sich an Euklesophos richtet?
Konnte Lukas Ruby tatsächlich nicht helfen, oder half
er ihm doch, (aber auf eine unerwartete Weise)?

Welche Konsequenz zieht Lukas´ Mutter aus dem Tod des kleinen Raben?
Wie ändert sich ihr Verhalten und warum?

Kapitel 4: Lukas und das Eulenkind (Lukas macht die Bekanntschaft mit Luna).

Was gibt dir persönlich das Gefühl beschützt zu sein?
Wie würdest du dieses Gefühl beschreiben?
Warst du schon einmal auf jemanden eifersüchtig?
Kannst du dieses Gefühl beschreiben?
Wie gibt Luna Lukas ein Stück Lebensfreude zurück?
Welche Hoffnung weckt Luna in Lukas?

Kapitel 5: Lukas und Mia
(Lukas lernt im Krankenhaus Mia kennen).

Was hilft Lukas am meisten, während er im Krankenhaus ist?
Wie helfen ihm seine Tiere weiter?
Wie hilft ihm Mia?
Wie hilft Mia sich selbst?
Wäre das auch eine Möglichkeit für dich?
Was unterscheidet Mia von den meisten anderen Menschen?

Kapitel 6: Schnuppe und das Einhorn:
(Mia erzählt Lukas eine Geschichte).

Frage: Fühlst Du Dich auch manchmal so wütend wie „Schnuppe?"

Warum glaubst Du, ist Schnuppe so wütend?
Gibt es etwas, was Dich besonders wütend macht?
Schnuppe hat auf ihrer Reise Wesen kennengelernt,
die sie nicht nachahmen möchte.
Wie willst Du auf gar keinen Fall sein?
Wie hat Esmeralda „Schnuppe" geholfen?
Was hat sich in dieser Nacht bei „Schnuppe"
verändert? (Hinweis: Vermutlich werden Mädchen
mit dieser Geschichte mehr
Identifikationsmöglichkeiten finden als Jungen)

Schreibe einen Brief an Esmeralda:

_____

_____

_____

_____

_____

_____

Impulsgeschichte zum Thema Angst

OMAS ANGST

Lukas`Oma hat sich als junge Frau nie unterkriegen lassen. Später im Alter wurde sie ein wenig ängstlich und tauschte ihren Mut gegen heiße Schokolade ein- im übertragenen Sinn. Die größte Angst hatte Oma vor Krankenhäusern. Wenn nur jemand davon sprach, wurden ihr die Knie so weich und hämmerte ihr Herz so stark, dass sie sich auf der Stelle hinsetzen musste. Oma versuchte das zu verstecken, so gut sie konnte. Seit Jahrzehnten war sie selbst zu keinem Arzt mehr gegangen. Sobald einer ihrer Freunde oder Nachbarn ins Krankenhaus musste, packte sie ihre Tasche und fuhr zu ihrer Tochter und zu Lukas. So hatte sie eine perfekte Entschuldigung dafür, warum sie nicht für einen Besuch im Krankenhaus auf- tauchen konnte. Immerhin schrieb sie zuhauf Karten, auf denen „Gute Besserung" zu lesen stand, doch Lukas musste die Adressen schreiben, weil Omas Hand zu sehr zitterte, wenn sie das Wort Krankenhaus auf die Postkarte schreiben musste. Eigentlich hatte sich Oma somit ganz gut in ihrem Leben eingerichtet. Sie hoffte einfach darauf niemals mehr wieder in ihrem Leben ein Krankenhaus von innen sehen zu müssen. Oma wusste selbst, dass sie nicht gerade besonders mutig war, zumindest dachte sie dies so lange von sich, bis sie sich selbst überraschte. Als Lukas nämlich so krank wurde und eine Knochenmarkspende benötigte, ging Oma nicht nur zum Arzt um herauszufinden, ob denn ihr Knochenmark für Lukas geeignet wäre. Sie ging danach sogar freiwillig ins Krankenhaus und ließ sich Knochenmark entnehmen. In dem Augenblick, in dem es um Lukas ging, gab es nichts mehr das Oma hätte aufhalten können. Nicht einmal ihre allergrößte Angst. Hinterher, als Lukas wieder gesund war, war Oma im Nachhinein noch so einige Male über ihren eigenen Mut erschrocken. Erschrocken und stolz zugleich. Das gibt es manchmal. Doch, wie für fast alles, hatte Oma so ihre Rezepte gegen den Schrecken gefunden.

Ich glaube damit ist es am Ende zu erklären, dass die Portionen von Schokolade, die Oma für Lukas und sich kochte, immer größer wurden.

Vielleicht ist ja der Mut zusammen mit der Schokolade gewachsen. Erst als Lukas so langsam nicht mehr in seine Hosen passte, wusste er, dass Oma und er sich eine neue Strategie würden aussuchen müssen.

Zum Glück waren sie beide einfallsreich genug, so dass das mit Sicherheit kein Problem sein würde.
(Und Lukas wurde in jener Zeit besonders häufig mit heißem Kakao angetroffen. Erst als er kaum mehr in

seine Hose passte, wurde es etwas weniger. Oma machte es nichts aus, dass auch ihre Kleider enger geworden waren. „Ich bin eben mit meinem Mut gewachsen", sagte sie nur. Lukas hatte keine Ahnung was sie damit meinte. Das machte aber nichts. Er und Oma verstanden sich auch so.

Impulsgeschichte 3 zum Thema Angst:

Was brachte Oma dazu ihre Angst zu überwinden? Was könnte diese Geschichte für Dein Leben bedeuten? Was ist Dein Rezept gegen Angst?

_____

_____

_____

_____

_____

_____

#_____

_____

_____

_____

Rabenfedern
bringen Glück

Geschichten über Freundschaft und Mut

Claudia J. Schulze
Anke Hartmann

Band 2

RABENFEDERN BRINGEN GLÜCK

Kapitel 1: Der Rabenkönig

Magst du es auch, so wie Lukas, die Dinge „im Griff"
zu haben, oder lässt du alles eher spontan auf dich
zukommen?
Beschreibe die Freundschaft von Lukas und Kieran.
Was macht sie so besonders? Warum können andere
das nicht verstehen?

Kapitel 2: Den Wald im Blick

Gibt es etwas, vor dem du dich ebenso fürchtest wie
Lukas?
Hast du einen Glücksbringer (Talisman)?
Wie wichtig sind Freunde für dich?
Gibt es etwas, das dir noch wichtiger wäre?
Fertige eine Liste für dich an.

Kapitel 3: Lukas und Kai

Hättest du auch gern so ein Versteck wie Kai?
Gibt es auch Dinge, die dir „auf den Magen
schlagen"?
Was könnte dir helfen, wenn du wütend, ängstlich,
traurig … bist?
Versuche es möglichst genau zu beschreiben.
Was macht Lukas in solchen Momenten?
Wie reagiert Kai?

Was hilft ihm dabei?

Kannst du verstehen warum Kai ein Versteck ganz für sich allein braucht?

Ist Kai, deiner Meinung nach, trotzdem ein guter Freund für Lukas? Falls ja: warum?

Glaubst du, dass es eher schwer oder leicht ist echte Freunde zu finden?

Woran kann man echte Freunde erkennen?

Warum mag Lukas oft nichts essen?

Wie hilft ihm Kai in dieser Situation?

Warum ist Kai manchmal so wütend?

Versuche Kais Gefühle zu beschreiben.

Warum hat Regina den Hasen von Kai gestohlen?

Warum hat sie ihn nicht wieder zurückgebracht?

Findest du das Verhalten der anderen Kinder Regina gegenüber verständlich?

Wie findest du Lukas´ Verhalten in Bezug auf Regina?

Was gefällt dir besonders gut an Agathe?

Warum glaubt Anton Agathe das, was sie sagt?

Kapitel 4: Simon, der Waldarbeiter

Wie findest Du die Aktion von Kai und Lukas?

Wie hättest du gehandelt? (Stichwort: Schäferhund)

Was denkst du über die Erklärung von Lukas´ Mutter was den alten Simon betrifft?

Glaubst du, dass Menschen sich ändern können?

Hat Simon deiner Meinung nach eine zweite Chance verdient?

Falls ja: Warum?
Falls nein: Warum nicht? Begründe dies mit einem persönlichen Beispiel.

Kapitel 5: Kais Fluchten

Würdest Du manchmal auch einfach am liebsten davonlaufen?
Falls ja: Wüsstest Du auch schon wohin?
Was würdest Du Kai raten, wenn er Dein Freund wäre?
Wie würdest Du ihm beistehen, wenn er Dein Freund wäre?
Was wäre eine Alternative zum Davonlaufen?
Wie könnte man eine solche Alternative umsetzen? Nenne mindestens ein Beispiel.

Kapitel 6: Mia und Fuchs

Warum denkst du, will „Fuchs" oft lieber allein sein?
Hat sich auch von dir einmal jemand ohne ersichtlichen Grund abgewandt?
Kennst du die Gefühle von Unsicherheit, die Mia quälen?
Findest du, dass an dem Satz: „Die Menschen vor der eigenen Nase sieht man manchmal nicht so gut."
etwas dran ist?
Falls ja: Warum?
Kennst Du hierzu Beispiele aus Deinem eigenen Leben?

Kapitel 7: Die Reise ans Meer (Kai und Lukas fahren heimlich ans Meer).

Kannst du dich deinen Freunden anvertrauen, oder behältst du deine Probleme lieber für dich?
Kannst du verstehen, dass Kai seine Mutter manchmal hasst?
Verstehst du Kais Gefühle seinem Vater gegenüber?
Welche Gefühle hat Kai fast gleichzeitig?
Beschreibe das Chaos seiner Gefühle so gut es geht.
Wurdest du auch schon einmal so angelogen wie Kai?
Falls ja: Wie hast du reagiert?
Kannst du die Reaktion von Lukas nachvollziehen?
Wie findest du Kais Plan?
Kannst du verstehen warum sich Kai dieses Manöver ausgedacht hat?
Verstehst du Lukas´ Zweifel in Bezug auf seine Großmutter? (Stichwort: Lüge)
Ist Lukas´ Lüge nur eine Notlüge oder schon mehr? Was meinst du?
Was hättest du gemacht?
Musste Lukas, als sein Freund, so handeln?
Wie hilft Lukas Kai dabei seine Nervosität zu mildern? Wäre das auch etwas für dich?
Hilft Kai das Gespräch mit seiner Mutter?
Was wäre ohne dieses Gespräch gewesen? Was ist Deine Vermutung? Wäre Dir ein solches, klärendes, Gespräch ebenfalls wichtig?

Kapitel 8: *Agathe und Kai*

Wie hilft Agathe Kai?
Warum ist der Brief von Annie eine Hilfe für ihn?
Welche Rolle spielt das Kompliment, welches sie ihm macht, für Kai?

Schreibe einen Brief an Kai:

_____
_____
_____
_____
_____
_____
_____
_____
_____
_____
_____
_____
_____
_____
_____
_____
_____
_____

Bonus-Hintergrunds Geschichte: Simons Kraft

Simon konnte seine Kräfte noch nie richtig einschätzen. Fee, eine Wellensittich-Dame, wurde aus Versehen von ihm zerdrückt, während er sie in der Hand hielt um sie zu zähmen. Ein anderes Mal badete er Minka, ein Kätzchen, welches sich danach eine schwere Erkältung zuzog. Dabei konnte es noch froh sein nicht ertrunken zu sein, da Simon es unter Wasser gedrückt hatte, wieder einmal ohne seine Kräfte zu kennen. In Folge der Erkältung konnte das Kätzchen nicht mehr gut hören und wurde einige Male fast von einem Auto überfahren. Dem Nachbar, welcher sie ungefähr sieben Mal gerettet hatte, riß der Geduldsfaden, und er bestand darauf, dass Minka zu einem Bauern kam. Mitten aufs Land, wo es weit und breit keine Straßen gab. Simon war untröstlich.

Er war schuld daran, dass immer alle weggingen: Fee, Minka. Ich weiß nicht, ob das der Anfang war, der Beginn seiner Überzeugung ein schlechter Mensch zu sein. Später musste noch Asko, ein Hund, operiert werden, weil Simon ihm, in guter Absicht, zwei Tafeln Schokolade gefüttert hatte, ohne zu wissen, dass er Asko damit keinen Gefallen getan hatte. An diesem Tag erhielt Simon die schlimmsten Schläge seines Lebens von seinem Vater. Er hörte gar nicht mehr auf; Simon duckte sich vor den Schlägen weg, so gut er konnte.

„Du Taugenichts", wurde er beschimpft, und seit diesem Tag war Simon davon überzeugt, dass er tatsächlich nichts taugte.

Was denkst Du über Simons Entwicklung?

_____
_____
_____
_____
_____
_____
_____
_____
_____
_____
_____
_____
_____
_____
_____
_____

HINWEIS

Einige Geschichten scheinen zunächst „doppelt" vorzukommen. Allerdings unterscheiden sie sie. Manchmal nur an kleinen Stellen und winzigen Unterscheidungen. Dies soll vor allem die persönliche Konzentration und Kreativität anregen.

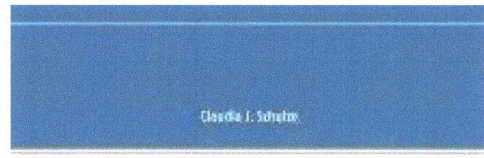

KUNSTTHERAPEUTISCHER EINSCHUB

Male abstrakte Begriffe
Zum Beispiel:
Freiheit, Gefangenschaft, Mut, Angst

Welche Farbe hat die Kraft?
Male und schreibe!

Nebelträume

Claudia J. Schulze / Anke Hartmann

Band 3

NEBELTRÄUME

Kapitel 1 - Kai und Räuber

Wie ist es für Kai zu bemerken, dass sein Hund,
„Räuber", plötzlich alt geworden ist?
Wie geht er damit um?
Wie findest Du Kais Art damit umzugehen?
Wie wichtig ist Räuber für Kai?
Was meinst Du: Wie würde es Dir gehen?

Kapitel 2 – Eulenmond

Verstehst Du warum es Lukas plötzlich wieder
schlechter geht?
Verstehst Du warum er Kai und Mia jetzt ein
bisschen meidet?
Wie würde es Dir gehen? Was vermutest Du?
Welche Rolle hatte Gerda in Lukas´ Traum?
Was verändert sie bei Lukas?

Kapitel 3- Auf Reisen mit Mia

Wie hilft Mia Lukas dabei seine Ängste zu
vertreiben? Welche Rolle spielt dabei der Wind?
Könnte es auch etwas Anderes sein?
Wie findest Du diese Idee von Mia?
Könntest Du Dir vorstellen sie auch umzusetzen?

Kapitel 4 - Lunas Geheimnis

Bist Du gut darin Geheimnisse zu bewahren? Gibt es Geheimnisse, die besser nicht bewahrt werden sollten? Welche könnten das sein? Kannst Du damit etwas anfangen? Wie würdest Du es formulieren?

Kapitel 5 – Nebelträume

Wolltest Du, dass sich jemand in Deinen Träumen verirrte? Falls ja: Wer sollte das sein?

Falls ja: Würde Dir das helfen? Wie könnte Dir das helfen?

Kapitel 6 - Anton und Agathe

Hast Du schon einmal über den „Sinn des Lebens" mit jemandem gesprochen?

Mit wem könntest Du über ein solch persönliches Thema sprechen?

Was hältst Du von Agathes Rat zu vertrauen?

Wäre das auch etwas für Dich? Falls ja: Warum?

Falls nein: Warum nicht? Versuche zu begründen.

Was ist Dein persönlicher „Sinn"?

Kannst Du ihn beschreiben? Gibt es Beispiele?

Kapitel 7- Kai, Mia und die alte Katze (Letzte Tage)

Schreibe die Geschichte um!

_____

_____

_____

_____

_____

_____

_____

_____

_____

_____

_____

_____

_____

_____

Kapitel 8 -Die Freiheit von Fuchs (Autonomie)

Schreibe die Geschichte um!

Kapitel 9 - Mia und Matruschka (Abschied)

Was war Matruschka für den letzten Abschnitt ihres Lebens wichtig?

Lohnte sich dieser Aufwand? Was meinst Du?

Was bedeutet Matruschka für Mia?

Was bedeutet Mia für Matruschka?

Kapitel 10 – Katzennächte (Geschenke)

Beschreibe das Gefühl von Kai, als Maxime plötzlich auftaucht.
Was tröstet Kai in diesem Augenblick?
Weiß er, dass dieser Augenblick nicht anhalten wird?
Stört ihn das?
Wie wäre das für Dich?
Denkst Du, Du könntest etwas von Kai lernen?
Falls ja: Was könnte das sein?

Kapitel 11 – Freundschaftstreffen

Beschreibe, falls möglich, ein eigenes Freundschaftstreffen (ausführlich):

Kapitel 12- Agathe und die Wandelbilder (Rätsel)

Zeichne ein Wandelbild. Was ist Deine Meinung zu Agathes Theorie der Wandelbilder?

Worüber war Gerda in Bezug auf Antons Vater erleichtert?

Was sind die Vorteile einer Formwandlerin?

Kapitel 13 - Luna und der Glücksrabe (Freundschaft)

Hattest Du auch schon einmal Heimweh – so wie Kolja, der Rabe?

Falls ja: Was hast Du am meisten vermisst?

Was konntest Du dagegen tun?

Ist Luna in Deinen Augen eine gute Freundin?

Was gefällt Dir am besten an ihr?

Glaubst Du an so etwas wie „Glücksbringer?"

Kann einem ein Glücksbringer den Glauben an einen selbst wiederbringen? Was meinst Du?

Hättest Du gerne einen Freund wie Kolja?

Was kannst Du Dir unter etwas wie „Aus dem Bild fallen" vorstellen?

Könntest Du Dir vorstellen mit Mias Trick zu  arbeiten?

Wie würdest Du diesen Übergang umgehen in dem man abstürzen kann wie in einer Felsspalte?

Wie könnte Lukas Mias Trick beispielsweise helfen?

Kapitel 14 - Besuch von Sam (Lebensfreude)

Kann man in der Gegenwart von Tieren eher „ganz man selbst" sein als in der Gegenwart von anderen Menschen?

Was meinst du?

Wie ist das bei Lukas?

Warum traut sich Lukas nicht auf den Friedhof?

Was tut Lukas gegen seine Unsicherheit?

Was macht Lukas, wenn er allein sein will?

Woran merkt Lukas, dass Stachel ganz in seiner Nähe ist?

Warum ist Kai so wichtig für Lukas?

Wie verändert Sam das Leben von Lukas?

Hattest du auch schon einmal so eine Lehrerin wie Frau Kirchberger? Falls ja: Wie war das für dich?

Kannst du die Wut von Lukas verstehen?

Kennst du solche Gefühle auch?

Falls ja:

Wann am meisten?

Wie hilft Lukas Sam gegen sein Heimweh?

Wie hilft Lukas Sam seine Angst zu überwinden?

Was lernt Lukas wiederum von Sam?

Warum entscheidet sich Lukas dafür Frau Kirchberger zu besuchen?

War das, Deiner Meinung nach, eine gute Idee?

Wie hättest Du Dich entschieden?

Wie hätte sich Kai, Deiner Meinung nach, entschieden? Begründe bitte.

Wie hilft der Besuch bei Frau Kirchberger Lukas?

Beschreibe Anton mit eigenen Worten,

Gib das Höhlengleichnis von Platon möglichst in eigenen Worten wieder. (**Eine ausführlichere Rolle spielt Sam im Buch** (s.u.):

Bonus Geschichte Band 3 Räuber

Räuber liebte Kai, doch auch der alte Waldarbeiter, bei dem er früher gelebt hatte, war nie aus seinem Hundegedächtnis gewichen. Simon, so sein Name, war nicht gut zu ihm gewesen- um es vorsichtig auszudrücken. Lukas und Kai hatten Räuber deshalb sogar entführt.

Bis zu Simons Tod, und darüber hinaus, war Räuber dann Kais Hund gewesen. Räuber, vielleicht verfügen Hunde im Besonderen über diese Gabe nichts nachzutragen.

Ich weiß nicht, ob dies eine besonders lobenswerte oder aber eine besonders gefährliche Gabe ist.

In den Tagen vor seinem eigenen Tod zog es Räuber immer wieder zum Grab des Alten. Er saß dort als wollte er etwas bewachen. Kai wiederum bewachte ihn. So waren sie alle zusammen. Zwei von ihnen wussten bestimmt, dass es nicht mehr für lange sein würde, der alte Simon, wer weiß, vielleicht wusste er es auch.

Eine besonders warme Spätsommersonne, die sich weigerte schwächer zu werden, wärmte Räubers Fell unaufhörlich. Manchmal wedelte dieser aus dem Nichts heraus mit dem Schwanz, so als träumte er. Manchmal im Wachen, so als würde er etwas bemerken, das Kai weder zu sehen noch zu hören schien.

Hin und her; es hinterließ ein fast unhörbares Geräusch auf dem weichen Boden, fast wie der ruhige, nie enden wollende Herzschlag der Erde.

Hast Du Verständnis für Räuber?

Bonus Geschichte Sam

Obwohl fast alle Sam liebten, gab es auch Menschen die ihn nicht mochten. Vor allem gab es einen, der ihn und seine Mutter grundlos hasste. Zumindest verstand niemand was ernsthaft der Grund sein könnte. Er hieß Karrenbauer und kannte die beiden noch nicht einmal persönlich. Vielleicht ärgerte es ihn, dass Sam, ohne etwas zu tun, die Sympathie der Menschen auf sich zog. Karrenbauer konnte so etwas, jedenfalls deutete alles darauf hin, nicht ertragen.

Er spuckte jedes Mal, wenn er am Haus von Sam

73

und seiner Mutter vorbeikam, ganz demonstrativ auf den Boden. Tag für Tag, Woche für Woche, Monat für Monat. Sams Mutter wusste nicht, was sie dagegen machen sollte. Erst dachte sie sich, dass sie vielleicht mit dem Mann sprechen könnte, um ihn danach zu fragen was er gegen sie und Sam hatte. Doch er sah immer so finster drein, also tat sie einfach gar nichts. „Weißt Du, Mama", sagte Sam nur. „ich glaube, das ist das Beste!" Und wer weiß, am Ende hatte er wahrscheinlich Recht.

Er spuckte ein Jahr lang, und dann zog er weg. Vielleicht hatte er gehofft, dass es den beiden Menschen in dem Haus schlecht gehen möge. Das war jedoch nicht der Fall. Sein Hass verschwand mit ihm. Sam konnte so etwas nichts anhaben und seiner Mutter auch nicht. Sie wussten, was sie aneinander hatten, und sie wussten, dass niemand daran etwas ändern konnte wie sie sich fühlten, nämlich voller Freude darüber am Leben zu sein.

Hast Du auch schon Erfahrung mit Ausgrenzung gehabt?

Korax und das
Geheimnis der Kürbisse

Band 4

Claudia J. Schulze
Anke Hartmann

4) KORAX UND DAS GEHEIMNIS DER KÜRBISSE

Kapitel 1: Bandit, Beethoven und die Musik

Fragekatalog: Morgensterne (Bonus-Material):

Geschichte: Bandit, Beethoven und die Musik
(Anton sieht eine schwarze Katze im Wald)

Kennst Du Zauberspiele, in denen schwarze Katzen vorkommen? Katzen, vor allem schwarze Katzen, wurden besonders in der Vergangenheit sehr gequält, verachtet, und häufig getötet.
Welche Tiere fallen Dir noch ein, wenn es um das Thema „Vorurteile" und Aberglauben" geht?

Was sagt man schwarzen Katzen heutzutage nach?

Was sagt man Katzen im Allgemeinen nach, (wenn man sie nicht mag)?

Was sagt man Katzen im Allgemeinen nach, (wenn man sie mag)?
Was ist Deine Meinung?

Kannst Du Deine Meinung begründen?

Wo sonst im Leben bist Du schon auf Vorurteile gestoßen?

Wo hast Du Vorurteile beobachtet?

Wo hattest Du selbst Vorurteile?

Wo wurdest Du vielleicht sogar selbst einmal zu einem Opfer von Vorurteilen?

Was glaubst Du kann man dagegen tun?

Was könntest Du konkret unternehmen, um z.B. einer Katze wie „Bandit" zu helfen?

Was könntest Du tun, um jemand anderem zu helfen, der wegen Vorurteilen gemobbt wird?

Was könntest Du beispielsweise tun, um ggf. aufzuklären, entgegenzuwirken etc., wenn Dir selbst Vorurteile entgegengebracht werden?

Was meinst Du: Wie fühlt es sich an, wenn andere Vorurteile gegen einen haben?

Versuche es zu beschreiben.

Nenne möglichst viele Strategien dagegen.

Gibt es etwas, was Dir an der Katze „Bandit" ganz besonders gefällt?

Hättest Du gerne ein Tier wie ihn?

Was wäre Dir an ihm wichtig?

Allen Katzen dieser Welt gewidmet. Jede Katze hat
drei Namen. Einen davon kennt nur sie selbst.
Wie viele Namen hast Du für Dich selbst?
Welche sind das?
Wie beschreiben sie Dich?
Welchen kennst nur Du selbst (nicht verraten!)

Kapitel 2: Lukas´ Kraft

Wie sehr zählen für Dich gerade auch die „kleinen"
Erfolge des Lebens?
Wem würdest Du Dich anvertrauen, wenn Du
Angst hättest?
Wie findest Du Agathes Hilfe?
Glaubst Du, dass sie Lukas bei seiner Angst helfen
konnte?
Was würde Dir persönlich am besten helfen?
Wie gehst Du mit Rückschlägen um?
Ist Deine Art mit Rückschlägen umzugehen für
Dich hilfreich? Was meinst Du?
Gibt es für Dich Unterschiede im Umgang damit?
Falls ja. Beschreibe diese bitte.

Kapitel 3: Der Wald und Agathe

Denkst Du, dass es über Dich viel zu erzählen gibt?
Findest Du dein Leben spannend?
Warum fühlt sich Anton bei sich daheim nicht
wohl? Was hält Anton vom Gerede anderer
Menschen? Hat sich seine Einstellung dazu im Lauf
der Zeit geändert?

Falls ja: Wie?

Hat sich Anton selbst im Lauf der Zeit verändert?

Falls ja: Wie hat er sich verändert?

Ist das für Dich nachvollziehbar?

Was hältst Du vom Gerede anderer Menschen?

Wie kam Anton mit der Armut seiner Familie zurecht?

Was hat ihm möglicherweise dabei geholfen und wie?

Welche Rolle spielte hier Mia?

Welche Rolle spielte Agathe? Welche Rolle spielt seine Musik?

Was könnte ein Zuhause für Anton sein? Beschreibe es möglichst genau:

_____

_____

_____

_____

_____

_____

Kapitel 4: Agathes Beerdigung (Anton, Mia, Lukas und Kai nehmen Abschied)

Was war, rückblickend, besonders „erfolgreich" an Agathes Leben?

Wie stellst Du Dir ein gelungenes Leben vor?

Was wäre Dir wichtig?

Was tröstet Anton während dieser Zeremonie?

Warum?

Was würde Dich trösten?

Hast Du ein Beispiel?

Kapitel 5: Rocky und Mia (Mia gerät in Gefahr; der Waschbär „Rocky" kommt ihr zu Hilfe)

Bist Du auch schon einmal aus großer Gefahr entkommen?

Falls ja: Hat Dir damals jemand geholfen?

Wie kannst /

konntest Du Dich schützen?

Wie könntest Du konkret jemandem in bestimmten Situationen helfen, ohne Dich selbst in Gefahr zu bringen?

Welche Aktionen wären sinnvoll, welche nicht?

Nenne ein paar Beispiele, und führe sie möglichst anschaulich und konkret aus.

Kapitel 6: Im Haus von Agathe

Welche Rolle spielt Agathes Haus für Anton?
Was meinst Du: Wie fühlt er sich dort?
Meinst Du, dass er sich Agathe dort irgendwie
näher fühlt?
Gibt es vielleicht einen anderen Grund?
Würdest Du an seiner Stelle in dieses Haus gehen?
Würdest Du das Haus eher meiden?
Warum?
Warum nicht?

Kapitel 7: Korax′ Traum

Wie interpretierst du diesen Traum?
Bist Du im Traum auch schon einmal geflogen?
Falls ja: Wie war das für Dich?

Kapitel 8: Erinnerungen

Sind Erinnerungen in Deinen Augen eher
schmerzhaft oder eher schön?
Was sind Deine schönsten Erinnerungen?
Wobei können Erinnerungen einem helfen?
Haben sie Dir schon einmal geholfen?
Würdest Du bestimmte Erinnerungen gerne
löschen?
Wie wäre es keine Erinnerungen zu haben?

Kapitel 9: Agathes Weihnachtsbaum

(Agathes Weihnachtsbaum von Anton beschrieben)

Wie erklärt Agathe Anton den Sinn des Lebens aus ihrer Sicht? Was bedeutet das für Anton?

Was wurde aus Antons Lampenfieber vor seinen Konzerten? Wie hat sich sein Lampenfieber verändert und warum?

Kennst Du es auch, dass es manchmal schwer sein kann sich von etwas zu trennen?

Warum glaubst Du ist das so?

Kapitel 10: Mias Schneemann

Wie wichtig ist es für dich selbst genau hinzusehen und hinzuhören?

Was wollte Mia erreichen?

Wie wichtig war ihr hierbei die Meinung der anderen?

Gibt es etwas, das wichtiger ist als Angst? (z.B. die Angst sich zu blamieren, so wie bei Mia?

Denkst Du, dass man sich im Grunde nur auf sich selbst verlassen kann?

Denkst Du, dass ab und zu jeder einen Menschen braucht, der an ihn glaubt? So richtig?

Wie wichtig findest Du es, dass Dir jemand glaubt?

Was hältst Du von Mias Rettungsaktion für den

Schneemann? Denkst Du, dass sich manchmal auch dann etwas lohnen könnte, wenn es nach außen offensichtlich gar keinen Sinn ergibt?
Versuche es mit einem eigenen Beispiel zu begründen.

Kapitel 11: Das Geheimnis der Kürbisse

Warum begegneten sich Anton und Lukas nicht schon früher?

Was ist das wirklich Gute an den Lichtern der Kürbisse?

Warum sind sie wichtig?

Warum brauchen wir sie gerade in der heutigen Zeit? Erkläre das Geheimnis der Kürbisse in eigenen Worten, mit eigenem Beispiel.

Kannst Du mit Agathes Geschichte etwas anfangen?

Falls ja: Was? Versuche es möglichst genau zu beschreiben.

Impulsgeschichte 4 zum Thema Resilienz:

Bonus Geschichte- Annie

Über Agathe gab es so einige Gerüchte, von denen kein einziges der Wahrheit entsprach, doch das liegt ja immerhin in der Natur der Gerüchte.

Normalerweise war Agathe zwar längst über dies hinausgewachsen, es störte sie kaum noch; nur in dem Fall des Mädchens, das sie nicht mehr besuchen durfte, weil ihre Mutter ganz furchtbare Geschichten über Agathe erfunden hatte, nur um die Tochter von ihr fernzuhalten, traten Agathe regelmäßig die Tränen in die Augen.

„Wer bin ich denn nun?", hatte sie sich gefragt. „Bin ich die, die ich glaube zu sein, oder bin ich nicht zugleich jene, zu der mich die Lüge gemacht hat?"

Immerhin würde das Mädchen seiner eigenen Mutter selbstverständlich alles glauben, vertraute es ihr doch, also ging sie davon aus, dass Agathe genau so sei wie sie von ihrer Mutter dargestellt worden war. Und das, obwohl das Mädchen, wie Agathe fand, es doch besser wissen müsste, wenn sie allein nur auf ihren inneren Instinkt, ihre eigene Stimme gehört hätte. Gerda, die Eule, nannte diese Stimme das „universelle Wissen", ein Wissen, das weitaus größer ist als unsere jeweiligen Wahrheiten. Gerda konnte sich sicher, wie jeder und jede der Zugang zu diesem Wissen hatte, telepathisch mit allen verständigen. Somit reichte allein der Hinweis auf dieses Wissen aus, um Agathe zu beruhigen und zu trösten. Die Zerrbilder, welche man von ihr in die Welt gesetzt hatte, würden zerfallen, würden einfach vom Nichts verschlungen werden, und nur Agathe, die Agathe, welche sie wirklich war, jenseits aller Zuschreibung würde übrig bleiben, für immer aufgehoben in der Wahrheit des universellen Wissens. Ihr wahres Sein, dort für immer aufgehoben, wäre somit geschützt. Nichts würde sie dort beflecken oder in Frage stellen können. Die reine Wahrheit würde sich der universellen Wahrheit anschließen und sich mit dieser, wie Gerda es ausdrückte, „in Liebe verbinden". Gerda hatte es einfach nicht eine Nummer kleiner. Sie liebte die großen Worte. Doch war es nicht so, dass diese großen Worte Hülsen waren. Im Gegenteil. Hinter jedem ihrer noch so großen Worte verbarg sich noch etwas weitaus Größeres, etwas, an welches Worte nicht heranreichen konnten.

Das lag in der Natur der Sache. Das mag jetzt alles

etwas hochtrabend klingen, doch auch Gerda und vor allem sie kann bestätigen wie sehr es Agathe nach einem der Träume, in welche sich auch Gerda verirrt hatte, um ihr eben genau dies mitzuteilen, wieder gelungen war zu lachen und einigermaßen aufrecht zu gehen- in einem übertragenen Sinn.

Der Schmutz konnte Agathe nun nichts mehr anhaben- noch nicht einmal in dieser Welt. Sie wusste, wer sie war, und das ist eine Sache, die, wie ich finde, gar nicht hoch genug eingeschätzt werden kann.

Anmerkungen zum Buch LEAH Löwenherz

Leah Löwenherz erzählt auszugsweise einige der Erlebnisse von Lukas aus weiblicher Perspektive. Hiermit soll die Identifikation einer weiblichen Leserin erhöht werden. Alle Bücher aus der Lukas-Reihe befassen sich mit den Themen Tod und Abschied, mit Hoffnung und Neuanfang. Diese Bücher bauen aufeinander auf. Das Buch Leah Löwenherz nimmt hier eine Sonderstellung ein. Die Auszüge sind für ein literarisches Geschenk konzipiert welches man zum Beispiel einem Kind in Trauer schenken könnte. Nun gibt es zahlreiche, sehr gute Fachbücher zum Thema wie Kinder mit Trauer umgehen. Auch gibt es Bücher mit trostreichen Versen, es gibt die wunderbaren Schriften von Elisabeth Kübler-Ross. Das kleine Büchlein, Leah Löwenherz, begreift sich als kleine Ergänzung, als einen kleinen Impuls der einem betroffenen Kind vielleicht wenigstens für einen Moment die Last des Verlustes – temporär - vielleicht ein wenig erleichtern kann. Nachfolgend möchte ich nun einige allgemeine, bibliotherapeutische Bücher nennen. Doch lohnt sich durchaus auch die eigene Recherche, besonders auch zu den Themengebieten: Kinder und Trauer. Empfehlen möchte ich, neben den Büchern von Kübler Ross, auch das Buch: „Die letzte Reise" von Anke Hartmann. Dieses Buch besticht durch die Kraft seiner Bilder und die Einprägsamkeit der Sprache. Ich habe aber, darüber hinaus, noch eigens eine Literaturliste erstellt, die natürlich nicht einmal im Ansatz vollständig ist- oder auch sein kann. Immer wieder kommen neue, wertvolle Bücher zu diesem Themenbereich hinzu. Ein früher oft ausgegrenztes Thema, was glücklicherweise nun angesprochen werden kann – und auch angesprochen wird.

Impulsgeschichten für Kinder

Impulsgeschichten für Kinder

Leseförderung und Bibliotherapie für Kinder

MIT FRAGENKATALOG IMPULSGESCHICHTEN II

(Impulsgeschichte für Kinder psychisch erkrankter Eltern oder Elternteile)

Kennst Du ähnliche Situationen von Dir oder von Freunden / Freundinnen? Was könntest Du in einer solchen Situation tun? Möchtest Du die Geschichte umschreiben?

Ruby Blue- Fragen

Aus Koljas Angst wurde später das, was seine größte Leidenschaft wurde. Findest du das realistisch? Könntest du dir etwas Vergleichbares bei dir selbst vorstellen? Falls ja: Was könnte das sein?

Claudia J. Schulze und Anke Hartmann

Brunos Reise

und andere Geschichten

Fragenkatalog: Brunos Reise

Zu den Inhalten

1) Bei **„Schnuppe und das Einhorn"** geht es im Wesentlichen um Identität und um Verluste. Schnuppe (oder Mia), die sich nach einem wichtigen Verlust in ihrem Leben nicht mehr so verhält wie es wohl sozial erwünscht wäre, sucht ihren eigenen Weg. Hierbei trifft sie auf das Einhorn Esmeralda, welches u.a. die Funktion hat Schnuppe (bzw. Mia) mit zwei Extremen zu konfrontieren, die jeweils das verkörpern was Mia nicht mit ihrem eigenen Identitätskonzept in Einklang bringen kann. Die Konfrontation hiermit lässt sie klarer sehen, was genau sie sich wünscht bzw. nicht wünscht, wie sie sich ihre Identität vorstellt, und auf was sie sie begründen könnte. Esmeralda hilft ihr dabei zu erkennen wie sie, Mia, sich selbst sieht oder sehen möchte. Am Ende der Erzählung wird bereits eine Änderung in Mias Erleben und Verhalten hin deutlich.

Diese Geschichte ist daher besonders dann geeignet, wenn es um solche – und vergleichbare Inhalte wie „Identität" und „Verlust" geht.

2) **„Mackie"** ist etwas Schützenswertes, Seltenes, vom Aussterben-Bedrohtes. Hier handelt es sich um einen Plump-Lori, doch kann es für alles stehen was eben, schützenswert oder bedroht ist. Es kann hierbei auch um sich verändernde Werte gehen und um Fragen darüber, was wirklich wichtig ist, was dem eigenen Leben Sinn verleiht oder verleihen könnte. Es kann um den Umgang miteinander und um Rücksichtnahme gehen, um Themen wie Egoismus vs. Altruismus. Diese Geschichte eignet sich sowohl für Kinder als auch für Jugendliche.

3) **„Bruno"** schildert und beschreibt „das Wilde", welches auf die Zivilisation trifft, und kann besonders bei Jugendlichen therapeutisch eingesetzt werden. Die zunächst eher kindlich anmutende Geschichte kann nicht darüber hinwegtäuschen: Auf der einen Seite wird die Sehnsucht nach der verlorenen Kindheit deutlich, auf der anderen Seite bricht etwas aus in dem es um das Verwirklichen von Wünschen, um das Erleben von Abenteuern geht, aber auch darum einen Platz in einer zunehmend schwierigen Umwelt einnehmen zu können. Dass in dieser Geschichte kaum ein „Happy End" vorkommt, soll nicht entmutigend wirken, sondern ebenfalls auf bestimmte Themen wie:

„Rücksichtnahme, Achtsamkeit, besserer Zugang zu persönlichen Ressourcen, Umgang miteinander" verweisen. Die Perspektive geht vom Bären auf die Menschen zurück, auch dies ist eine besondere therapeutische Möglichkeit der Bibliotherapie, so dass gerade hier viele Denkanstöße hin zu weiteren Prozessen führen können. Die Geschichte ist vor allem für Jugendliche geeignet. Durch jeweils sehr unterschiedliche, variable und mehrdimensionale „Lesearten", steht sie allerdings auch Kindern offen.

Ein begleitetes Lesen bietet sich m.E. in beiden Fällen an, ist aber nicht unbedingt notwendig.

4) **„Prokyon, der Schmetterling",** ist sowohl für Kinder als auch ausdrücklich für Jugendliche geeignet. Freundschaft, Engagement und Toleranz stehen deutlich im Vordergrund. Durch die sehr unterschiedlichen Charaktere werden gerade in dieser Erzählung ganz besonders viele, ganz diverse Identifikationsmöglichkeiten geschaffen, ebenso darüber hinaus natürlich auch Möglichkeiten der Abgrenzung. Wie ein Miteinander partiell gelingen kann wird hier exemplarisch aufgezeichnet, wobei die gemeinsame Hingabe auf ein großes Ziel hier ausschlaggebend ist was den Zusammenhalt der

ansonsten äußerst unterschiedlichen Charaktere betrifft. „Prokyon", der, wie alle Schmetterlinge seine eigenen Flügel nicht sehen kann und daher nicht weiß, wie schön er ist, wie viel er den Anderen – auch aus anderen Gründen – wert ist, ist in dieser Erzählung von tragender Bedeutung. Diese Themen sprechen vor allem Jugendliche an.

5) „**Igor und Natascha**", diese Hasen-Geschichte erzählt von zwei Außenseitern, welche die von außen an sie gestellten Erwartungen nicht erfüllen können. Es geht um eine natürliche Limitierung ihrer Möglichkeiten, nicht um eine Entscheidung. Igor und Natascha zeigen dem Leser nun welche Alternativen es in ansonsten vorgestanzten Lebensläufen geben kann und macht Mut darauf sich auf solche Gegenentwürfe einzulassen. Auch diese Erzählung eignet sich m.E. besonders gut für Jugendliche.

6) In „**Lilly Ljublijana**" handelt es sich, ähnlich wie auch bei „Schnuppe" um die Frage nach weiblicher Identität oder überhaupt um die Frage nach eigener Identität. Hier werden vor allem Mädchen und weibliche Jugendliche angesprochen, Die mögliche (hier doch leicht konflikthafte) Mutter-Tochter-

Beziehung wird durch die mutige und originelle Großmutter exemplarisch etwas ausgeglichen. Die Geschichte ist aber auch ausdrücklich für Kinder geeignet.

7) **„Rosamunde, das Junischweinchen"** weicht, ähnlich wie „Igor und Natascha" von einem vorgezeichneten Lebensweg ab, wobei hier das Thema „Selbstverwirklichung" oder „Träume" im Vordergrund stehen. Diese Erzählung ist auf gleich mehreren Ebenen lesbar und eignet sich daher gut sowohl für den therapeutischen Einsatz mit Kindern wie auch mit Jugendlichen, sie kann aber auch gelesen werden um auf Veränderungen hinzuweisen die schon bereits ein Einzelner bewirken kann.

8) **„Faul wie Bienen"**: Diese Geschichte eignet sich besonders für Jugendliche und bietet eine Plattform von der aus sie sich über vergleichbare Konflikte im häuslichen oder schulischen Umfeld berichten können.

„Milda und Toni", Biene und Drohne, werden recht sympathisch gezeichnet, so dass insgesamt eine (leicht selbstironische) Identifikation möglich ist.

Durch entspannende Elemente sollen bestimmte Konflikte etwas entschärft werden, was hierbei therapeutisch zu der Frage führen könnte wie eine solche „Entschärfung" zuhause aussehen könnte.

9) **„Fennek"**: Hier geht es um ein Gefangensein in vielerlei Hinsicht. Das Leben, welches er führen muss, entspricht ihm nicht. Dies lässt viel Raum für therapeutische Anknüpfungspunkte, sowohl bei Kindern als auch bei Jugendlichen.

Fenja, die Füchsin, ist das proaktive Gegenstück, die heroische Hoffnungsträgerin und ein mögliches Rollen-modell. Die Geschichte ist ganz besonders gut für Jugendliche geeignet, kann aber auch mit Kindern gelesen und besprochen werden. (Wie alle Geschichten aus dieser Reihe können sie auch „nur" gelesen werden).

10) Bei **„Verda"** geht es zentral um das Thema „Einsamkeit", darum, sich nicht verstanden zu fühlen, und gerade deshalb (oder trotzdem) nach etwas zu suchen das einen glücklich machen könnte. Es geht vor allem darum nicht aufzugeben, auch wenn der schnelle Erfolg zunächst (oder auch länger) auszubleiben scheint. „Träume" und gerade

das Verwirklichen von Träumen ist hier von ganz zentraler Bedeutung.

Diese Erzählung über „Verda" eignet sich besonders für Jugendliche bis hin zu jungen Erwachsenen.

11) „**Alexandr Alexandrowitsch**": In dieser Erzählung handelt es sich um erste, schockierende Lebenserfahrungen und um den Umgang damit.

Es geht um den ersten Blick auf die Welt der kein geschützter mehr ist. Zwar wachsen Kinder und Jugendliche heute vermehrt mit dieser fehlenden schützenden Hand auf, doch selbst diese, zum Teil schon Kindern die „fast alles" bereits aus dem Fernsegen etc. kennen, werden aufgrund besonders erschütternder Lebensereignisse und Realitäten der Welt konfrontiert mit denen sie zuvor nicht gerechnet hätten. Hier ist die „Distanzierung". (Hunde und Katzen sind die Protagonisten) eine gewisse Chance, da sie zunächst in der konkreten Auseinandersetzung etwas schützend wirken kann. Ich empfehle diese Geschichte von Alexandr besonders Jugendlichen, die zwar gern an eigene Erfahrungen anknüpfen möchten, doch möglicherweise noch nicht wissen, wie.

12) Bei **„Ijosch, dem Schmuse-Igel"** geht es um männliche Identifikationsmöglichkeiten, um die Auseinandersetzung mit diversen Erwartungen der Umwelt und um einen kreativen Umgang damit. Diese kurze Erzählung ist sozusagen das männliche Gegenstück zu „Lilli Ljublijana" und „Schnuppe". Sowohl für Kinder als auch für Jugendliche geeignet.

13) „Kröten": Hier geht es um Vergänglichkeit. Ein Thema, welches nur bei ausdrücklichem Bedarf anhand dieser eher als Non-Sense-Geschichte getarnt aufgegriffen werden sollte.

Es ist ein Thema für Jugendliche, welches begleitet werden sollte und viel Raum braucht. Raum, zum einen, und darüber hinaus zu sehr viel mehr Input als es über dieses kleine Gedicht möglich sein kann. So sollte es eher bei harmlosen" Gelegenheiten (wie Ärger mit einem Freund o.ä. eingesetzt werden. Dies ist durch die mehrdimensionale „Lesbarkeit" möglich.

12) „Luna und der Glücksrabe": In dieser Erzählung geht es um Vorurteile, Stereotype, Mythen. Eine Auseinandersetzung mit eigenen Vorurteilen kann sich hier entwickeln, ebenso die Auseinandersetzung mit gewissen Vorurteilen die einem selbst entgegengebracht werden. Zugleich mischt sich in diese Erzählung das Thema: „Erwartungen" und „Konflikte mit den Eltern." Diese Themenbereiche können entweder isoliert voneinander behandelt werden, oder aber auch die jeweiligen Vorurteile untereinander thematisieren. Als Ressource wird hier modellhaft, wie auch in den vorangegangenen

Geschichten die Freundschaft genannt (hier zwischen Kolja, dem Raben und Luna, der Eule).

Zudem geht es um Lebenspläne und Ziele.

13) **„Sascha und die Baba Jaga"**: Hier geht es m fehlende Anerkennung in sozialen Beziehungen, oft auch begleitet von verbaler und körperlicher Gewalt, wobei sich diese Erzählung auf verbale Herabwürdigung und auf die Aberkennung von Respekt beschränkt.

Es ist eine in sich sehr komplexe, zudem Raum-einnehmende Erzählung.

Das Ende fällt harmonischer aus als es der ganz konkreten Realität häufig entspricht, vor allem dann, wenn noch nicht ausreichend Zeit vergangen ist um das Thema „Versöhnung" zu bearbeiten. Auf der anderen Seite wird die Aggressorin („Baba Jaga") außer Gefecht gesetzt, was das Bedrohungslevel-zumindest für die Dauer der Therapiestunde herabsetzen soll. Dieses spezifische Thema erfordert viel Aufmerksamkeit, Fingerspitzengefühl, Geduld und Zeit. Die Geschichte ist m. E. ganz besonders für Jugendliche geeignet. Die Anmerkungen sind reines Bonus-Material und wirken sich nicht auf den Gesamtpreis aus. Konkrete Fragebögen zu jeweils anderen Themenbereichen sind in meinen spezifisch bibliotherapeutisch konzipierten Büchern und den dazu gehörenden Arbeitsmaterialien zu finden.

Fragen:

War Sascha dumm oder gutmütig?
Würdest Du Sascha als einen echten Freund bezeichnen?
Was hältst Du von der Aussage des Russenweibleins Olga?
War Sascha für die Baba Jaga ein unverdientes

Glück? War er wirklich ein Geschenk?
Bekommt man im Leben manchmal auch ein
unverdientes Geschenk? Wie siehst Du das?

Geschichte: Igor und Natascha

Warum glaubst Du sind Igor und Natascha auf
dieser Welt?
Warum glaubst Du sind die Menschen auf dieser
Welt? Gibt es einen „höheren" Grund oder nicht?

Warum denkst Du bist Du auf dieser Welt? Was ist
Deine Meinung hierzu?
Glaubst Du, dass es einen „übergeordneten" Grund
gibt, oder denkst Du eher, dass jeder seinen eigenen
Grund haben könnte warum er hier ist, oder warum
er glaubt hier zu sein?
Denkst Du, dass andere das Recht haben Dir ihre
Gründe „überzustülpen"?
Würdest Du anderen Deine persönlichen Gründe
versuchen „überzustülpen" oder sie anderen z.B.
schmackhaft zu machen?

Falls ja: Warum? Falls nein: Warum nicht?
Wie findest Du persönlich das Leben von Igor und
Natascha?
Wohin würdest Du mit ihnen reisen wollen?

(Natürlich kannst Du auch eine andere Reisebegleitung auswählen oder ganz allein reisen).

Begründe Deine Entscheidung und interpretiere.

Geschichte: Faul wie Bienen

Wäre es Dir wichtiger das tun zu können, was Du magst, oder zählt es mehr für Dich Teil einer Gemeinschaft zu sein?
Wie findest Du das Verhalten der beiden Bienen (bzw. Biene und Drohne; Milda und Toni)?
Kannst Du die beiden verstehen?
Stört Dich etwas an ihnen? Falls ja: Was?
Wie sähe für Dich ein Kompromiss aus? (Freiheit vs. Gemeinschaftssinn)?
Was sind in Deinen Augen die genauen Vorteile von Gemeinschaftssinn?
Hast Du Dich schon einmal anders gefühlt als der Rest? Falls ja: Wie war das für Dich?
War es eher angenehm oder eher unangenehm?
Würdest Du so etwas noch einmal erleben wollen, oder eher alles daransetzen, damit sich eine solche Erfahrung nicht noch einmal wiederholt?
Was könntest Du konkret dazu beitragen?
(Sowohl für den Fall, dass es sich wiederholt, als

auch für den Fall, dass es sich nicht wiederholt).

Schreibe die Geschichte weiter
und /oder: Schreibe die Geschichte um.

Begründe Deine Entscheidung und interpretiere.

Geschichte: Pablo und der Zauberbaum

Bei *„Pablo und der Zauberbaum"* geht es um ein unkonventionelles Erleben der Welt, um Themen wie: „Verantwortung", „Empathie" und um Reifeprozesse. Das große Thema „Freundschaft" begleitet hierbei die jeweiligen Hauptthemen.

Auch diese Bienen- Freundschaft ist hierbei selbstverständlich ebenfalls eine unkonventionelle.

Die Erzählung ist mehrdimensional aufgebaut und kann auf sehr unterschiedliche Arten interpretiert werden.

In der Erzählung: „Picasso oder Pablo und der Zauberbaum" geht es aber auch um das Überschreiten von unterschiedlichen Grenzen um das Ausreizen von Geduld anderer im sozialen Miteinander. Ungewollt verhält sich der Protagonist antisozial, was mit seiner Begabung und mit seinen persönlichen Interessen zu erklären ist. Soziale Regeln behindern ihn nur; aus diesem Grund beachtet er sie auch gar nicht.

Im Lauf der Geschichte ändert sich dies; es wird ein Prozess beschrieben, den man mit „Maturing out" beschreiben könnte. Der Protagonist verändert sich, wobei er sich dennoch auch treu bleibt- nur eben in anderer Form. Der Bedeutung seines Freundes, eines Papageis, kommt in dieser Geschichte ein breiter Raum zu, so wie Freundschaft immer einen breiten Raum einnehmen sollte.
Die Erzählung ist besonders für Jugendliche geeignet.

Wichtig ist hier auch die ausdrückliche Möglichkeit des Reframings, der gebotenen Möglichkeit der Umdeutungen potentiell belastender Situationen Diese Geschichte könnte konkret „Phantasiereisen", „geführte Meditation", „Traumreisen" initiieren.

Der quasi –paradiesische Zustand, die Beschreibung der Farben und der Erlebnisse in diesem mentalen Konstrukt laden m.E. in besonderem Maß dazu ein und haben sich bereits in meiner praktischen Arbeit als nützlich erwiesen. (Die Arbeit mit Mandalas kann dies, wie aus der pädagogisch-psychologischen Literatur hinreichend bekannt, zusätzlich unterstützt werden).

Fragen: Findest Du, dass die Hauptfigur mehr Rücksicht auf die Umwelt nehmen sollte, oder sollte – umgekehrt – Deiner Meinung nach die Umwelt ihrerseits Rücksicht auf die Hauptfigur nehmen?

Begründe.

Welche Rolle spielt für Dich die Freundschaft der beiden? Was geben sie einander? Wie verändern sie sich jeweils durch die Freundschaft.

Hast Du – in einem übertragenen Sinn – auch schon einmal so etwas erlebt?

Frage: Wie würdest Du die Freundschaft zwischen Pablo und Picasso beschreiben?

Frage: Welchen Einfluss haben sie aufeinander?

Frage: Hat Pablo am Ende mit Picassos Entwicklung zu tun? Was ist Deine Meinung?

Geschichte: Die Kuh auf dem Kilimandscharo

In der Abenteuer- Erzählung: *„Die Kuh auf dem Kilimandscharo"* geht es um Ehrgeiz und um Herausforderungen.

Es geht um Risiken, nötige oder unnötige – das kann hier diskutiert werden. Der alte Wunsch des Menschen über sich selbst hinauszuwachsen war schon immer von zentraler Bedeutung.

Auf der einen Seite gäbe es wohl keinen Fortschritt, keine Entwicklung der Menschheit, auf der anderen Seite ist hierfür oft ein hoher Preis zu zahlen.

Die Erzählung ist ganz besonders für Jugendliche geeignet Sie befasst sich mit den für Jugendliche interessanten und lebensnahen Themen: „Risiko", „Rücksicht", „Selbstverwirklichung", auch mit (freiwilliger) Selbstbegrenzung und mit Grenz-situationen. Bei der Kuh auf dem Kilimandscharo geht es auch um Grenzerfahrungen, um die (nötige oder vielleicht auch unnötige) Überwindung menschlicher Grenzen. Was ist nötig? Wo zieht man andere mit hinein? Wie wächst man tat-sächlich über sich hinaus, und wo möchte man lediglich etwas „haben", mit dem man angeben, „sich wichtig" machen kann? Wo ist die Stimme der

Vernunft? Hier trifft sie durch die Kuh auf den Leser. Die Geschichte mit ihren Inhalten muss weiter auf dem Kilimandscharo verweilen. Wir können sie durchaus auf unser eigenes Leben übertragen und in diese hineinholen. Wo muten wir uns zuviel zu? Wie hoch ist der Preis für unsere Träume und Pläne? Wie hoch ist er für andere? (Siehe Fragen weiter oben)

Fragen: Was wäre Deine größte Herausforderung? Dein stärkster Wunsch? Anders ausgedrückt: Dein persönlicher „Kilimandscharo"? Unter welchen Umständen wärst Du dazu bereit von einem solchen Wunsch abzulassen? Gibt es solche Umstände überhaupt für Dich? Falls nein- warum nicht?

Bitte begründe Deine Ansicht.

Bei **„Mackies Männern"** geht es um das Thema: „Hoffnung", um Chancen, um das Nutzen von Chancen und um unkonventionelles Handeln.

Das Lori-Weibchen Mackie, zunächst allein, vom Aussterben bedroht und von ihrer menschlichen Freundin, einer Biologin, bewacht, trifft plötzlich und unverhofft auf ein Lori-Männchen.

Ihr scheinbar vorbestimmtes Schicksal ändert sich – auch durch ihr Zutun. („Selbstwirksamkeit", „Proaktives Coping"). Selbstwirksamkeit und Hoffnung sind die inoffiziellen, „heimlichen" Überschriften dieser Geschichte. Besonders geeignet für Kinder und Jugendliche.

Geschichte: Fennek

Wie wichtig ist Dir Freiheit?

Wo fühlst Du Dich eingesperrt?

Warst Du auch schon einmal so traurig wie Fennek?

Hattest Du auch schon einmal das Gefühl gänzlich
am falschen Ort zu sein?

Was ist Mut? Was ist Zivilcourage? Beschreibe bitte
möglichst ausführlich. Wie wichtig ist es niemals
aufzugeben?

Was hat Fennek gerettet?

Beschreibe bitte auch Fenja.

(Siehe dazu ebenfalls die Fragen weiter oben)

Fennek: Hier geht es um Gefangenschaft, um Befreiung und um Selbstinitiative. Es geht um Mut und um das Gefühl, „neu geboren" zu sen.
Im Mittelpunkt stehen Fenja und Fennek, zwei Wüstenfüchse. Die Geschichte ist für Kinder und für Jugendliche geeignet.(Bereits bei „Bruno").

Fazizah: Auch Fazizah ist eine Wüstenfüchsin und Vorfahrin von Fenja. Nach einem Ereignis in der wüste Sur verfügt sie über die Kraft die Zeit um sich herum anzuhalten, und die Dinge in die ihnen zukommende Ordnung zu versetzen. Doch diese Kraft hat ihren Preis. Es geht um Verantwortung, aber auch um Überforderung, um Leistung und um Gaben, die einem vielleicht zu viel abverlangen können. Die Geschichte eignet sich insbesondere für die Arbeit mit Jugendlichen.

Fazizah: Wenn es eine „Super-Kraft" gäbe, die Du hättest: Wie würde diese aussehen? Fazizah kann die Zeit anhalten und durch die Zeit hindurch sehen. Was würdest Du gerne können?

Fazizah nimmt ihr Schicksal selbst in die Pfoten und wandert aus. Könnte sie in dieser Hinsicht ein Vorbild für Dich sein?
Wie kann man Dinge vor der Zeit behüten?

Nenne ein Beispiel. Glaubst Du, dass man eine Gabe verwenden muss, da sie sich sonst gegen einen selbst wendet?

Hast Du auch eine bestimmte Gabe/ Begabung/ Fähigkeit?

Fazizah hat Mut und Angst zugleich. Ist sie für Dich eine echte Heldin oder eher nicht? Begründe!

Was könnte „die Ordnung der Dinge" sein?

Für was steht, Deiner Meinung nach, die Grotte?

Igor und Natascha leben ein unkonventionelles Leben und werden – allen sozialen Normen zum Trotz- damit glücklich. Mehr als das.
Sie leben kinderlos und erkunden gemeinsam auf langen Reisen die Welt um sie herum.

„Krümelchen" ist die direkte Fortsetzung dieser Geschichte, die eine ganz unerwartete Wendung nimmt. In dieser Geschichte geht es, ebenso wie bei Mackies Männern, um das Nichtaufgeben von Hoffnung. Zudem geht es um die Überwindung von Angst. Gleichzeitig wird eine deutliche Unterscheidung getroffen, welche Angst z.B. lebenserhaltend sein kann und welche nicht.
Die Geschichte eignet sich gut für Diskussionen und

ist sowohl für Kinder als auch für Jugendliche, z.B. für Jugendliche, die nicht mehr zuhause leben wollen oder können, geschrieben.

Der Symbolgehalt verweist auf das Unbewusste und spricht in scheinbar einfachen Bildern, die jedoch in ihrer Komplexität und in ihrer therapeutischen Wirksamkeit nicht zu unterschätzen sind.

Bei *Krümelchen* geht es um die Überwindung von Angst und um das Gewinnen von Selbstvertrauen.

Fragen: Fjodor (Krümelchen)

Welche Ängste sind begründet, welche nicht?
Wie konnte Fjodor seine Angst überwinden?
Gibt es eine Angst, die auch Du gerne überwinden würdest?

Milda und Toni (auch sie kommen bereits in den „Bruno"-Erzählungen vor), sind zwei eher träge und faule Bienen. Trotzdem gibt es etwas, das Milda immer wieder in Rage versetzt und ihren Unmut hervorruft. Die für sie als starke Ungerechtigkeit empfundene Ausgrenzung von Tieren aus dem Bienenstock. So setzt Milda in dieser Geschichte alles daran einer schwachen, verstoßenen Biene zu helfen. Wie groß oder klein diese Hilfe letztlich ist soll hierbei zu Diskussionen anregen. Die „Bienen"-Geschichte soll Empathie und aktives Handeln fördern. Sie für Kinder und für Jugendliche zu gleichen Teilen geeignet.

Fragen Prokyon: Was für Auswirkungen hat es, im übertragenen Sinn, wenn jemand nicht weiß, dass er schön ist? Welche Rolle spielt der Photograph? Siehst Du Prokyon in der heutigen Gesellschaft? Was sagst Du zu dem Sprichwort, dass, wenn ein Mensch stirbt, eine ganze Bibliothek mit ihm geht? Würdest Du selbst gern zu einer Art Buch werden? Wie siehst Du das mit der Zeit?
Für was gibst Du gerne / ungern Deine Zeit her? Glaubst Du, dass Eitelkeit oberflächlich machen kann? Was war das Wichtigste für Oskar als er Prokyon fand?

Prokyon, der Schmetterling: Dies ist eine Auskoppelung aus der Erzählung um Rooney und seine Freunde, die gemeinsam nach einer Heilung für den kranken Schmetterling Prokyon suchen. Diese Geschichte befindet sich in dem Buch: „Brunos Reise und andere Geschichten." Sie kann daher auch unbedingt für sich stehen. Prokyon, wie alle Schmetterlinge, weiß nicht wie schön er ist. Er wird aber von einem Photographen darauf aufmerksam gemacht. Bei einem, Photo-Shooting gerät er in Gefahr.

Ein Gespräch mit Oskar, seinem Freund, bildet einen weiteren Schwerpunkt der Geschichte.

Dieser Schwerpunkt ist hierbei nicht willkürlich herausgesucht, sondern verweist bereits auf die Bedrohung, die soeben durch Prokyons schwere Verletzung entstanden ist.

Literaturempfehlungen

1) Die Romantherapie: 253 Bücher für ein besseres Leben (insel taschenbuch)

20. Oktober 2014 von Traudl Bünger und Ella Berthoud

2) Die Romantherapie für Kinder

10. Juli 2017 von Ella Berthoud und Susan Elderkin

3) Bibliotherapie: Eine aktuelle Bestandaufnahme

14. August 2016 von Sophia Meyer

4) Durch Lesen sich selbst verstehen: Zum Verhältnis von Literatur und Identitätsbildung

1. Januar 2008, von Florian Huber

5) Heilkraft des Lesens. Erfahrungen mit der Bibliotherapie

1988, von Peter (Hg.) Raab

6) Schreiben zur Selbsthilfe: Worte finden, Glück erleben, gesund sein

29. März 2017 von Birgit Schreiber und Johanna Vedral

7) Märchen als Therapie

1. März 1993, von Verena Kast

8) Poesie und Therapie: Über die Heilkraft der Sprache. Poesietherapie, Bibliotherapie, Literarische Werkstätten

15. Juli 2005, von Hilarion G Petzold und Ilse Orth

9) Schreiben und Lesen in psychischen Krisen, 2 Bdn.

1998, von Helmut H. Koch und Nicola Keßler

10) Kranke Kinder brauchen Bücher. Bibliotherapie in Theorie und Praxis: Gedenkschrift Dr. med. Edith Mundt

1. Januar 1996, von Rosemary Nelson und Ute Otten

11) Lesen macht gesund: Die Heilkraft der Bibliotherapie *15. August 2017 von Silke Heimes*

ZITATE (zum Diskutieren / Impulse)

Sie war nur oft so dagesessen mit einem Gesicht, das erstarrt wirkte, wie stehen geblieben.
Vielleicht hoffte sie insgeheim, dass, wenn nur ihr Gesicht stehen blieb, auch die Zeit stehen bleiben könnte. Die Zeit, die ihnen beiden Papa und Katha für immer und immer weggenommen hatte bei diesem schrecklichen Unfall, der nun schon so lange her war, als wäre er in einer ganz anderen Zeit gewesen. *(Nachtflüge)*

Auf eine Art tröstete es sie zu wissen, dass sie niemals würde allein sterben müssen solange es nur jemanden gab der sie liebte.
Andererseits machte sie das auch ein wenig traurig. Sie wollte zwar nicht vergessen sein, doch andererseits wollte sie auch nicht, dass wegen ihr jemand traurig sein sollte, oder gar sogar ein wenig mitsterben würde.
(Nachtflüge)

Da fiel Lukas ein was Katha ihm einmal gesagt hatte, nämlich, dass keine Feder der anderen gleicht und auch keine Schneeflocke. Jede gab es nur einmal in dieser Form. Und in dieser Nacht, plötzlich, während Mia da noch mit ihrer Feder stand, wusste Lukas auch warum. So klein sie auch war, und so kurz ihr Leben als einzige Schneeflocke war: Es gab sie nur ein einziges Mal, und mit diesem Etwas, das nur ihr innewohnte, erfüllte sie dennoch die Welt. *(Nachtflüge)*

Heute wusste sie, dass dieser Traum ihr das Leben gerettet hatte. Weitersehen, das hatte sie gemacht, wenn sie am Meer entlanglief und es außer Meer und Himmel nichts mehr zu geben schien. Etwas, das sie ungemein befreite. Doch jetzt war sie hier im Wald, und sie hatte eine Aufgabe. Hastig bückte sie sich nach weiteren Ästen für das Lagerfeuer, dann kehrte sie zu der Feuerstelle zurück. Lukas und Kai waren bereits da und warteten auf sie. *(Rabenfedern bringen Glück)*

Um Kai daher noch weiter abzulenken beschrieb Lukas ganz genau das Meer, während er gleichzeitig zufrieden auf das echte Meer, beziehungsweise die See blickte.
Gerade jetzt waren Katha und Papa bei ihm.
Er konnte es sich nicht erklären.
Doch das muss man sowieso nicht immer können, oder?

(Rabenfedern bringen Glück)

„Es ist nämlich einfach so", hatte Mia, Lukas´ beste Freundin, einmal gesagt, „du brauchst etwas, das dich daran erinnert an mich zu denken.

Immer wenn du den Wind hörst oder Musik, oder immer, wenn du den Geruch von frischem Gras wahrnimmst, dann weißt du, dass ich da bin. Es erinnert dich an mich, verstehst du? Auch wenn ich gar nicht weg bin. Sogar wenn ich neben dir sitze. Du kannst laut Mia sagen, oder leise. Es reicht auch, wenn du es nur denkst. Überhaupt ist das so mit den Gedanken. Sie fliegen mit dir dorthin wo du möchtest." *(Nebelträume)*

Man musste das Denken befreien. Man musste sich selbst davon befreien wie man dachte und über das, was man gedacht hat, hinausdenken. Das ist leichter als es sich anhört. Man braucht nur eine gewisse Übung. Wenn man diese hat, dann fällt man nicht mehr aus dem Bild heraus. Dann bleibt man im Bild, und der Rahmen drum herum löst sich auf. Das wiederum ist aber nicht schlimm, denn man steht ja fest im eigenen Bild, im eigenen Leben.

Von dieser Sicherheit aus können die Gedanken dann wandern. Sie können sich verändern.
(Nebelträume)

Der Moment, in dem man abstürzen kann wie in einer Felsspalte, muss angehalten werden.
(Nebelträume)

„Schreiben ist so wie etwas zu finden, das man schon sein Leben lang gesucht hat."
(Nebelträume)

Aber meistens sehen wir sie nicht, die ganze Geschichte. Wir halten den Ausschnitt, den wir gerade sehen, häufig für die Wahrheit. *(„Korax und das Geheimnis der Kürbisse")*

Er mochte sie, aber nur bedingt. Denn auch sie war eben ein Mensch, und bei Menschen konnte man nie wissen.
(„Korax und das Geheimnis der Kürbisse")

„Wenn ich einmal tot bin, dann wird sich Lina nicht an das erinnern was ich war. Nein. Sie wird sich nur an die Lüge erinnern, die sich tückisch an meinen Namen geklammert hat." *(„Korax und das Geheimnis der Kürbisse")*

Sie gefiel mir, aber in diesem Moment hasste ich sie auch. Ich hasste sie, weil sie weinte, und ich wollte nicht, dass sie da war. Ich wollte nicht, dass sie mit ihrem Weinen den Tod von Agathe bezeugte. *(„Korax und das Geheimnis der Kürbisse")*

Über das weinende Mädchen habe ich nicht weiter nachgedacht. Ihr Schmerz wurde automatisch zu meinem Schmerz, und das wollte ich nicht. *(„Korax und das Geheimnis der Kürbisse")*

Der Versuch etwas zu verurteilen kann daran nichts ändern. Er schwächt nur die Menschen selbst. Ich würde ihnen das so gern klarmachen, doch bin ich eben nun einmal Musiker geworden.
Ich spreche kaum. Ich spiele. Vielleicht hören sie ja, was ich ihnen sagen möchte. Wie sehr alles Eins ist. Sogar der Traum und der Tod, die mit dem Leben aufs engste verbunden sind.
(„Korax und das Geheimnis der Kürbisse")

Ich finde nämlich, dass es wichtig ist, dass einem jemand etwas glaubt, weil es dann gleichzeitig so ist, dass man auch an den, der einem etwas erzählt, glaubt. *(„Korax und das Geheimnis der Kürbisse")*

Dieses Lachen von Mia - auch das war etwas, was mich durch mein ganzes Leben hindurch begleitete. Es klang so unbeschwert.

Dabei war Mia ganz und gar nicht unbeschwert.

Lediglich ihr Lachen. Und das machte es umso schöner. *(„Korax und das Geheimnis der Kürbisse")*

Wir alle haben in diesem Leben
 eine Aufgabe zu erfüllen,
Die wir nicht kennen.

Unser Leben hier endet,
Sobald wir diese Aufgabe erfüllt haben.
Wir kennen sie nicht.

Manchmal wohl können wir sie erahnen.
Doch müssen wir uns für die Zeit,
Die uns hier gegeben ist,
Nach eigenen Aufgaben suchen
Und diese erfüllen,
Denn die Mosaikstücke in dem großen Plan,
Im Ganzen,
Die können sich uns hier nicht in ihrer
Vollkommenheit erschließen.

Und sie sollten es wohl auch nicht.
So wie man nicht ungeschützten Auges
In die Sonne blicken sollte.

(„Korax und das Geheimnis der Kürbisse")

Sogar sein geliebter Wald war zu einem Schatten geworden. Zu einem Schattenwald. Und manchmal schien es überhaupt keinen einzigen Weg mehr herauszugeben aus dem Schatten, in dem es kalt war und grau. Er wusste, dass hinter jedem Schatten etwas stand, das entdeckt werden wollte, etwas, das voller Leben war. Aber in der Zeit nach Kathas´ und Papas Tod gelang ihm das einfach nicht. Leer war die Welt. Grau und kalt. Niemand konnte ihn erreichen und ihm selbst ging es dabei nicht anders. *(Lukas und die Geschichte der Schatten)*

Nichts ergab in diesen furchtbaren Augenblicken noch Sinn, alles fiel auseinander, zerfiel zu scharfen Bruchstücken, welche gar nichts mehr miteinander zu tun hatten, oder nichts mehr miteinander zu tun haben wollten.

Die Bruchstücke lösten sich auf, verschwanden, und so sehr er auch die Hände nach ihnen ausstreckte: Nicht einmal sie konnte er noch fassen. *(Lukas und die Geschichte der Schatten)*

Alles, das ihm so selbstverständlich erschienen war, war vergangen. Würde der Boden unter ihm jemals wieder ein fester werden? Er hatte es bezweifelt.

(Lukas und die Geschichte der Schatten)

Lukas nämlich schätzte die Kunst des Fliegens ganz

besonders, denn es ist nicht zu leugnen, dass einem das Fliegen ganz ungeahnte neue Möglichkeiten und völlig Sichtweisen bietet die man sonst so vielleicht niemals wahrgenommen hätte. Viele seiner gefiederten Freunde hatten ihm das gezeigt, obwohl er natürlich nicht fliegen konnte. Wenn dann aber immerhin in einem übertragenen Sinn. Und das, soviel kann ich zumindest versprechen, ist auch nicht gerade zu unterschätzen. Besonders die Tatsache, dass man zu Schweres loslassen musste um abheben zu können hatte ihn beeindruckt. *(Lukas und die Geschichte der Schatten)*

Aus leeren Nestern und aus leeren Häusern, fand er, sollte man sich emporschwingen und weit, weit über das Land fliegen. Zu Jakow konnte er ja nun nicht mehr. Niemand war da, für den er hätte bleiben wollen.
Eine kleine Weile blieb er noch in der Nähe – nur zur Sicherheit, falls sich Jakows Seele trotz seiner Hilfe verflogen hätte. Doch tief in sich wusste er, dass sich Seelen nicht verfliegen können. So schnell wie die gesaust war! Sie wissen genau wo sie hingehören. Daher gab er das Warten auf und tat das, was er am besten konnte und das, was auch Jakow am meisten gefreut hätte. *(Ruby Blue)*

IMPULSBILDER:

Dr. Claudia J. Schulze ist Autorin und Biblio-
therapeutin. Studium der Psychologie, Philosophie Pädagogik. Journalismus und
Literaturwissenschaften.
Sie arbeitet in eigener Praxis psychotherapeutisch mit Kindern, Jugendlichen und
Erwachsenen, und entwickelt interdisziplinäre therapeutische Materialien. Zudem ist sie
Trauerbegleiterin für Einzelpersonen und für Familien. Bereits in ihrer Diplomarbeit,
später dann auch während ihrer Promotion, befasste sie sich mit der Frage, inwiefern
Literatur sich auf therapeutische Prozesse positiv auswirkt. Kontakt:
CJ.Schulze@gmx.de Praxis Dr. Claudia J. Schulze, Grünberger Str. 8, 78052 VS-
Villingen   Ein Großteil des Gewinns aus den Büchern kommt Einrichtungen wie
Palliativ- und Rehabilitationseinrichtungen für Kinder und einem Kinderhospiz zugute.

UNTERSTÜTZT VON DER BÄRBEL SCHULZE STIFTUNG FÜR THERAPEUTISCHES LESEN UND SCHREIBEN. MIT GROSSEM DANK!

Anke   Hartmann   (Illustrationen)   ist
Künstlerin, Illustratorin, Kinderbuchautorin und Geschäftsführerin einer Leipziger
Grafik-Werkstatt und des Raumkind-Verlages. Ihre ausdrucksstarken und liebevoll
gestalteten Bilder erfreuen sich großer Beliebtheit. Anke Hartmann ist Autorin des
Buches: „Die letzte Reise" (Raumkind Verlag). Kleine Träumereien am Lindenauer
Markt, Leipzig.

Morgensterne

Bibliotherapie für Kinder

Claudia J. Schulze
Anke Hartmann

Die Reise nach Holland und andere Geschichten

Mit therapeutischenFragen

Claudia J. Schulze /
Anke Hartmann

Verwaiste Kinder-
Verwaiste Eltern

Claudia J. Schulze / Anke Hartmann

LEAH LÖWENHERZ

Ein Trauerbuch für Kinder

Claudia J. Schulze

Kindheit ist kein Kinderspiel

Interpretationshilfen zur Lukas-Reihe

Claudia J. Schulze